石上千秋

汉画像石中的衣食住行

张从军 ｜ 著

齐鲁书社
·济南·

图书在版编目（CIP）数据

石上千秋：汉画像石中的衣食住行/张从军著. 济南：齐鲁书社，2024.7. -- ISBN 978-7-5333-4915-8

Ⅰ.K879.424；D691.93

中国国家版本馆CIP数据核字第20241PA768号

责任编辑　许允龙
装帧设计　刘羽珂

石上千秋——汉画像石中的衣食住行

张从军　著

主管单位	山东出版传媒股份有限公司
出版发行	齐鲁书社
社　　址	济南市市中区舜耕路517号
邮　　编	250003
网　　址	www.qlss.com.cn
电子邮箱	qilupress@126.com
营销中心	（0531）82098521　82098519　82098517
印　　刷	山东新华印务有限公司
开　　本	710mm×1000mm　1/16
印　　张	21
插　　页	2
字　　数	263千
版　　次	2024年7月第1版
印　　次	2024年7月第1次印刷
标准书号	ISBN 978-7-5333-4915-8
定　　价	88.00元

前　言

中国古代二十四史的撰写从汉代开始。

西汉的司马迁撰写了《史记》，东汉的班固撰写了《汉书》，魏晋南北朝的陈寿和范晔分别撰写了《三国志》和《后汉书》。这四部史书被简称为"前四史"，是后代撰写王朝历史的楷模和范式。《史记》是第一部纪传体历史著作，记载的是司马迁以前的历史，《汉书》撰写的是西汉的历史，《后汉书》和《三国志》分别为东汉和三国留下了历史的篇章。

这四部历史巨著，是官修的历史，由当时或后世的文人撰写，描述的是王朝兴替的国家大事，记载的是各朝各代的精英。要了解汉代的历史文化，这是第一手资料，是文字的历史。

除了"前四史"，还有地上地下的文物遗存。这些遗存以物质的形态，呈现着可以触摸的立体的汉代社会。这是物质的历史。

汉画像石是墓葬装饰。和编撰史书的文人不同，画像石的作者都是下层工匠。和司马迁、班固一样，他们也生活在汉代，他们或许不识字，也不会书写，但他们会以图画的形式，记录和描绘着汉代的形象。他们刻画的图像，和文字一样，异曲同工，也是汉代历史的记录。较之文字的概括和抽象，汉画像石更直观、更具象，较之实物，汉画像石还有动作、有表情、有场面、有背景。这些图画形象,是另一种历史的撰写方式,是庶民百姓对身边事物的图画记录,是对他们所了知的过往历史的形象描绘。这是图画的历史。

从历史文献中,后人只能凭借自己的文化水平,去想象、复原和理解汉代的社会百态;从出土实物中,人们也只能对汉代的生活用品有三维的立体认知。要想更深入、更具体地了解汉代的生活方式,汉画像石是首选的图像资料。

画像石作为墓葬装饰,其内容和形式首先是为逝者及逝者的后人服务的。描绘的未必都是现实,都是真实。但作者们所描绘刻画的人物形象、生活面貌,又无法脱离现实,无法脱离其耳熟能详的身边生活。工匠们将自己的亲身感受、所见所闻,用图画的方式刻绘在墓葬建筑之上,留下了一部石头上的千秋。

衣食住行,人之所需。食有鱼,出有车,穿锦绣,住高楼,是战国秦汉士族的追求,也是幸福生活的标志。

但是,汉代的鱼什么样?人们以什么样的生产方式获取肉食?汉代人出行的车子什么样,有多少种类型,是单辕还是双辕,是驾牛还是驾马?汉代的高楼和房屋什么样?汉代的穿着有什么特点?等等,画像石在不经意之间,在墓葬石头上展示了汉代的衣食住行,这里的衣食住行是图画,是一看就懂的图像。这些图像可以印证文献的记载,可以弥补文献记载的错讹和疏漏,还可以和出土的实物结合在一起,复原和再现汉代的历史、汉代的社会、汉代的生活方式。

用汉画像石中的图像展示汉代不一样的历史,展示汉代民俗和生活方式,是这本小书的编撰意图。

CONTENTS **目 录**

前 言　　1

一、衣

01 袍服　　3
02 襦服　　14
03 衫　　23
04 短裤　　29
05 鞋　　34
06 胡服　　38
07 冠　　45
08 进贤冠　　47
09 武冠　　55
10 武士冠　　62
11 帻　　70
12 通天冠　　73
13 冕冠　　82
14 女性发饰　　84

二、食

01 主食　　95
02 家禽家畜　　100
03 野味　　111
04 水鲜　　119
05 乳食　　125
06 庖厨　　126
07 备宴　　140
08 宴饮　　148
09 酿酒　　166

三、住

01 墓葬住居　　175
02 宅院　　178
03 门阙　　186
04 大门　　193
05 半掩门　　200
06 厅堂　　204
07 楼阁　　225
08 斗拱　　228
09 廊房　　232
010 仓房　　234
011 水榭　　240
012 讲堂　　242
013 陈设　　243
014 祠堂　　251
015 佛塔　　252

四、行

01 轻车　　255
02 轺车　　258
03 辎车　　268
04 辇车　　276
05 安车　　281
06 斧车　　285
07 鼓车　　288
08 公车　　290
09 牛车　　294
010 鹿车　　301
011 大车　　305
012 丧车　　308
013 船　　314

后　记　　327

Part 01

衣

　　衣以蔽体，是文明社会的标志。汉代的服饰除了遮挡身体的上衣下裳外，更特别在意头上的冠冕。因为冠冕是汉人的身份标识。汉画像石中的服饰，则除了汉人，还包括胡人。受阴阳五行思想的左右，汉代人将同一块天下生存的人分为两种，一是汉人，一是胡人。但不管是汉人还是胡人，都必须以衣裹体，所以画像石中的服饰，在包括了胡汉两个族群的同时，还特别区分了汉装和胡服的不同。

　　汉人的服饰之中，有男女之别，更有身份的区分、贵贱的等差。

　　因为是墓葬装饰，强调孝的价值观，画像石就特别重男轻女，男性出头露脸的机会多，所以男性的服饰比女性的种类繁复。

衣

……

01

袍　服

汉人着袍服。

袍服有长有短，长袍、短袍有贵贱区别。

袍服是朝服、礼服，也叫深衣。《礼记》称深衣就是长衣，要求短不能露着皮肤，长不能及地，盖住脚面即可。

袍服是画像石中男女常见的服装，其形式有两种，一种是下摆及地，不露鞋子，如山东省济南市长清区孝堂山祠堂，画像中的官员们，袍服下摆及地，看不见鞋子（图1）。嘉祥

图1　济南市长清区孝堂山祠堂官吏

武梁祠"曹子劫桓"画像中的管仲（图2），嘉祥南齐山祠堂孔子见老子中的孔子、老子及其弟子，及地的袍服下摆还有特别的边缘（图3）。一种是下摆在脚踝骨之上，不但露出了鞋子，还露出了裤腿。如嘉祥武梁祠中的黄帝（图4），嘉祥武氏祠左石室荆轲刺秦王中的秦王（图5）。同样在武梁祠，同样是十帝王行列，夏禹的袍服则又是一种样式。那就是在正常的袍服之外，又加了一层短袍（图6）。之所以让夏禹的衣服厚一些，可能是因为他常年在外劳累奔波的缘故。

图2　嘉祥武梁祠管仲

图 3　嘉祥南齐山祠堂孔子见老子

图 4　嘉祥武梁祠黄帝

图5 嘉祥武氏祠左石室秦王

图6 嘉祥武梁祠夏禹

在衣服的领口、袖口和裙摆加厚加宽，或用其他颜色的布料区别，是身份的象征。如此费料费工的缝纫，平民百姓是享受不起的。

袍服，有男有女。

济南市长清区孝堂山祠堂西壁正面端坐的男性，袍服交领开口如同三角形（图7）。领口呈交叉的形式是因为衣服前后襟的叠压，这种叠压又称之为衽。按照常规的说法，华夏族是古代中国的正统，前襟压后襟的形式是右向至腋窝，而四夷则左向。右向左向则又称为右衽左衽。孔子曾经说："微管仲，吾其被发左衽矣。"意思是幸亏有了

图7 济南市长清区孝堂山祠堂交领

图8 邳州燕子埠汉墓墓门交领

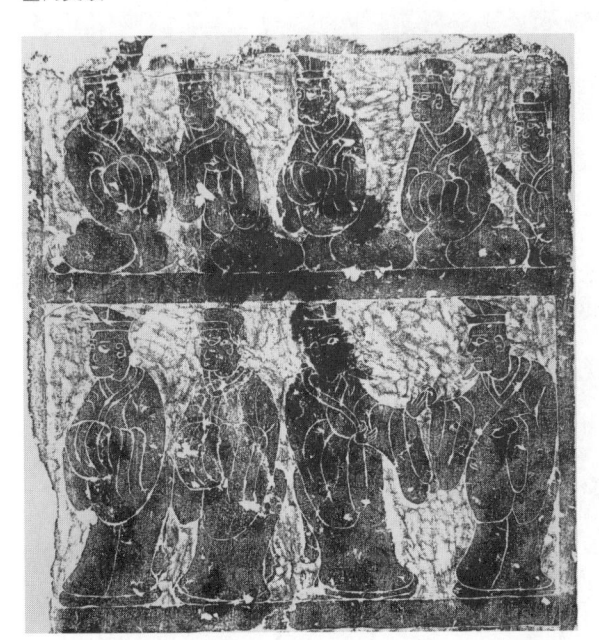

管仲，我们才避免成为外族的俘虏。古代还认为，人的在世和去世如同镜子的正反两面，活着时穿的衣服右衽，死了穿的衣服左衽。但是，汉画像石所见的领口，有右衽也有左衽，并没有严格的界定。如江苏省邳州市燕子埠镇尤村汉墓墓门所见的官人们，就既有右衽，也有左衽，以右衽为多（图8）。之所以不确定，可能是因为画像石作者设计图像时常常混淆了阴阳两界。

济南市长清区孝堂山祠堂西壁齐桓公五公子，是身着袍服正面站立的形象。其袍服虽然也是交领，但右衽还是左衽，不明显。明显的是公子们的袍服不但有腰带束缚，而且腰里还系着绶带。绶带是丝带，用于系结印纽。战国秦汉的官印是随身的，因为要及时签发文书，所以印章要随身携带，因为服装没有口袋，印章只能用绶带拴在腰带上。不同级别的官员,绶带的颜色和宽度是不同的。《汉书·朱买臣传》载,朱买臣穷困潦倒时,被乡人看不起,待到功成名就做了故乡会稽的太守,走马上任时故意穿着旧衣服,步行上任。前来迎接的人们一开始并没有把他当回事,待见到其腰系绶带,看到"会稽太守章"时,"坐中惊骇"①,立马恭恭敬敬地迎接新官上任。

齐国的五公子在齐桓公去世后,曾经轮番执掌齐国的国柄,他们腰间的绶带,象征的就是其身份地位。但不同于其他袍服,五公子的袍服在腰带下左右还有两条带子,如同燕尾(图9)。徐州汉画像石艺术馆藏的一块周公辅成王画像石,已经长大成人的成王和身边的召公,交领都是左襟压右襟,腰间同样垂挂着宽大的绶带。但成王袍服的下摆还向左右两边翘起,如同卷云一样,如此处理,或者是为了突出成王的

① 《汉书·朱买臣传》,中华书局1962年版,第2792页。

图9 济南市长清区孝堂山祠堂五公子

天子地位（图10）。同样是周公辅成王，嘉祥纸坊镇敬老院小祠堂的成王是年幼的形象，其袍服腰间也是垂挂着宽大的绶带，下垂的两袖则像是两截（图11）。

和衣服连在一起的袖子是"袂"，与袖口连在一起的是"祛"。《史记·苏秦列传》描绘齐国首都临淄的人口密度和富庶时，是"车毂击，人肩摩，连衽成帷，举袂成幕，挥汗成雨"[①]。这里的衽是衣襟，袂是衣袖。衣襟连接起来就是帷幕，袖子扬起来能够遮天蔽日。

[①]《史记·苏秦列传》，中华书局1959年版，第2257页。

图10　徐州汉画像石艺术馆周成王

图11　嘉祥纸坊镇敬老院小祠堂周成王

和男性一样，汉代的女性正装也是袍服。区别是，女性的袍服是曳地长袍，不露鞋脚。如河南省南阳市麒麟岗汉墓出土的一块画像石上，女性身着的袍服不但长，下摆还特别肥（图12）。麒麟岗汉墓另一女性长袍，腰带之下还露出了两片衣襟，左襟压着右襟（图13）。安徽省宿州褚兰镇墓山孜2号汉墓，前室西壁的女性们，均身着及地长袍，其前后衣襟也是左压右的形式，袍服下摆还有两三层的边缘（图14）。陕西省神木大保当汉墓，墓门立柱上翩翩起舞的女性，同样身着曳地长袍，其中有的女性衣襟下摆也像燕尾一样（图15）。

图12　南阳麒麟岗汉墓女性　　　　　　　　　　图13　南阳麒麟岗汉墓女性

图 14　宿州褚兰镇墓山孜女性袍服

图 15　神木大保当汉墓墓门立柱女性

但是身份低下的侍女，其袍服如同男性的襦服，袍子的下摆不及地，露出裤子和鞋。如南阳市英庄汉墓主室中立柱上，正面站立举着镜子的侍女，其袍服下摆就露出了裤子和鞋，束腰后的前后衣襟向左右两边分开（图16）。

身份地位高的男性女性，作为朝服正装的袍服，一般都不露腿脚。河南南阳十里铺汉墓后室北壁西柱东侧的提壶女性，其长袍也是及地的（图17）。南阳七里园汉墓端灯女性，同样也是身着长袍（图18）。

图16　南阳英庄汉墓女性　　　图17　南阳十里铺汉墓女性

地位低下的女性长袍到底露腿还是不露腿，可能与从事的工作有关。作为家庭侍女，足不出户，其袍服可以及地不露腿脚，而出门在外，袍服的裙摆可能需要提起离开地面。

南阳地近湖北，是受楚文化影响深远的地区。这里的女性袍服不但长及地面，腰身还格外细窄。如南阳石桥汉墓主室门南侧立柱上，捧着奁盒的女性，其腰细如线（图19）。《后汉书·马援传》引用《墨子》的话说"楚王好细腰，宫中多饿死"[1]。这里的女性，或许就是楚国风俗的遗传？

[1]《后汉书·马援传》，中华书局1965年版，第854页。

图18　南阳七里园汉墓女性　　　图19　南阳石桥汉墓女性

02

襦　服

襦服是一种半袍，是仅及膝盖或不能遮挡着膝盖的短袍。如嘉祥武梁祠画像中的祝融，所穿两重袍服，其中内袍下摆在膝盖以上，外袍则更短。因为他是古代的帝王，是三皇之一，虽然身着短袍，其襦服的下摆仍有边缘。衣服有领有袖有缘，是上等人的标志（图1）。

襦服还是军服，如秦始皇兵马俑的士兵服装，其袍服就在膝盖的位置。汉承秦制。画像石中的军人，同样也像秦始皇兵马俑中的军人一样，身着襦服。如济南市长清区孝堂山祠堂西壁肩抗长戈出行的汉兵，就穿着这样的服装（图2）。受汉人影响，同样，作为敌对的胡人军队，其士卒着装，也是襦服。孝堂山祠堂胡汉战争中的胡人，同样身着和汉军一样的襦服（图3）。如嘉祥五老洼小祠堂胡人阵营里肩扛弩机的两位士兵，也是穿着这样的服装

图1　嘉祥武梁祠祝融

图 2 济南市长清区孝堂山祠堂汉兵

图 3 济南市长清区孝堂山祠堂胡人

图4 嘉祥五老洼小祠堂胡兵

（图4）。五老洼小祠堂胡汉战争交战双方的士兵，除了头上的帽子不同外，其身上的着装，没有区别（图5）。

狩猎和战争，都具有杀戮的性质。在孝堂山祠堂西壁胡汉战争图下的狩猎人员，肩扛猎具，驱赶着猎犬，所穿的服装也是襦服（图6）。嘉祥五老洼小祠堂两位猎手，一个扛着弩机，一个扛着捕获活物的竿，其身着的襦服更短，才刚刚过腰（图7）。

荆轲刺秦王是汉代津津乐道的故事，荆轲的勇武不但是士庶之冠，也是军人的楷模。荆轲刺秦王时担当的是刺客的职责，画像石中的荆轲被安排身着襦服。如嘉祥武氏祠左石室后壁小龛西侧的荆轲，在被

图5 嘉祥五老洼小祠堂胡汉战争士兵

图 6 济南市长清区孝堂山祠堂猎手

图 7 嘉祥五老洼小祠堂猎手

秦王的侍卫紧紧抱住的时候，仍然跳起身子奋力挣扎，其大跨步的动作还将襦服裂开（图8）。

和军人一样，看门守户的保卫人员，也是身着襦服。如四川省成都市郊汉墓，一位佩剑挎刀的门吏，所着襦服虽然下摆还有花纹，腰间还有"□旺名号"印信，襦服下摆已经过膝，但露出的裤腿也是十分明显（图9）。陕西省神木大保当汉墓墓门立柱上门吏，虽然没有佩剑挎刀，但其双手拥彗躬身迎候的动作，说明其担当的是文职的职责，故而，其身着的襦服下摆更长一些（图10）。河南省南阳市英庄汉墓执棒门吏，襦服下露出的裤腿还是喇叭口的样式（图11）。南阳东关汉墓执刀门卒，襦服及腰，短裤还遮挡不住膝下（图12）。南阳市出土的画像石中另一执钺门卒，襦服及

图8　嘉祥武氏祠左石室荆轲

图9　成都市郊汉墓门吏

图 10　神木大保当汉墓门吏 　　图 11　南阳英庄汉墓执棒门卒 　　图 12　南阳东关汉墓执刀门卒

膝，其下就是裸露的双腿（图13）。陕西绥德汉墓墓门左右两位门吏，一执棨戟，一拥彗，因不需要像南阳的门卒那样剑拔弩张，所以着装也就只露出一截裤脚（图14）。或许是因为当地天气寒冷。实际上，画像石所见门口担当保卫和迎候者，既有门吏，也有门卒。门吏是官员，门卒是士兵。如山东省

嘉祥南齐山小祠堂门口的两位，前头身着襦服拥彗者，是门卒，后头长袍及地，头戴进贤冠，手捧板的则是吏员（图15）。是吏是卒，从服饰上还是有着明确区别的。

而流落在汉地，为汉人看家护院的胡人奴婢，同样也不得不入乡随俗。如河南省方城杨集一座汉墓中，手执扫帚站在门口的拥彗门卒，就是一位胡人，同样穿着襦服，旁边还有榜题"胡奴门"（图16）。

除了军人、猎人和武士外，一些苦力也身着襦服。如孝堂山祠堂西壁穿胸国画面中的杠夫，身着襦服的同时，好像连裤子也没有穿（图17）。

图13　南阳画像石执钺门卒

图14　绥德汉墓墓门门吏

图 15 嘉祥南齐山小祠堂门吏门卒

图 16 方城杨集墓门"胡奴门"

图 17 济南市长清区孝堂山祠堂杠夫

相比较有袍有裤的服装配备，淮北市北山镇出土的一块画像石上，两位肩扛棨戟的仪仗士兵着装就略显寒酸，虽然襦服下摆边缘绣着花纹，但袍服里边却没有裤子，赤裸着的两腿，好像连鞋子也没有穿。或许这是因为身处江淮地区，气候温暖，再加上道路泥泞的缘故（图18）。

图18 淮北北山镇仪仗兵

03
衫

衫和襦近似，但比襦的下摆更短，及腰至臀部，和现在的上衣类似。如嘉祥武梁祠中的神农所穿，下摆就在臀部以上（图1）。因为神农要在田间劳作，所以其衣着就按照农民装

图1　嘉祥武梁祠神农

束打扮。四川省成都市曾家包汉墓一位在农田里劳作的农夫，上衣和神农一样，也是仅仅遮挡住臀部（图2）。山东省嘉祥县五老洼小祠堂风雨雷电中的雨神，像是躲雨的农夫，头戴斗笠，身披蓑衣，上身袍服的下摆也在膝盖以上（图3）。临沂吴白庄汉墓一群忙碌着庖厨的厨师们，有的身着长过膝盖的襦服，有的则仅及臀下（图4）。

衫服及膝及腰，都是为了野外行走或劳作的方便。同样，从事歌舞行业的人员，衫服也短在膝盖以上。如河南省南阳

图2　成都曾家包汉墓农夫

图3 嘉祥五老洼小祠堂雨神

图4 临沂吴白庄汉墓厨师

市石桥汉墓长袖舞者，衫服就在膝盖附近（图5）。南阳瓦店两位建鼓舞者，衫服同样也在膝盖以上（图6）。类似的装束还见于南阳王寨汉墓建鼓舞者（图7）。

  为了格斗方便，武士们的衫服更短。如南阳王寨汉墓一位生拔牛角的武士，因为衫服在膝盖以上，所以不妨碍其大踏步地奔跑（图8）。南阳石桥两位格斗的武士，其身着的衫服，同样挡不住大跨度的奔跑（图9）。南阳市区出土的二桃杀三

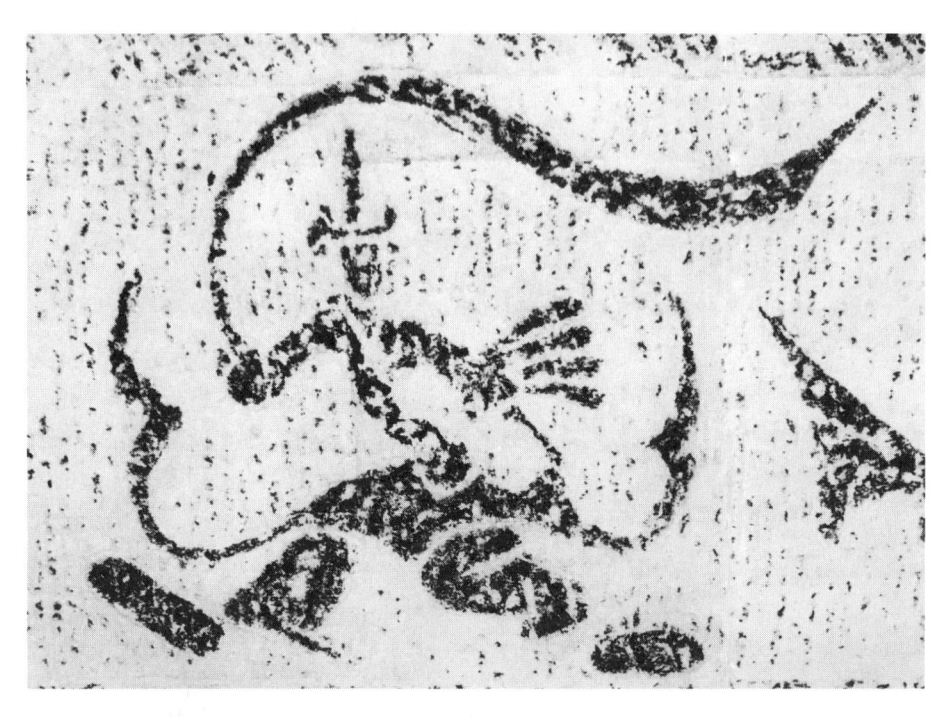

图5　南阳石桥汉墓长袖舞者

图6　南阳瓦店汉墓建鼓舞者

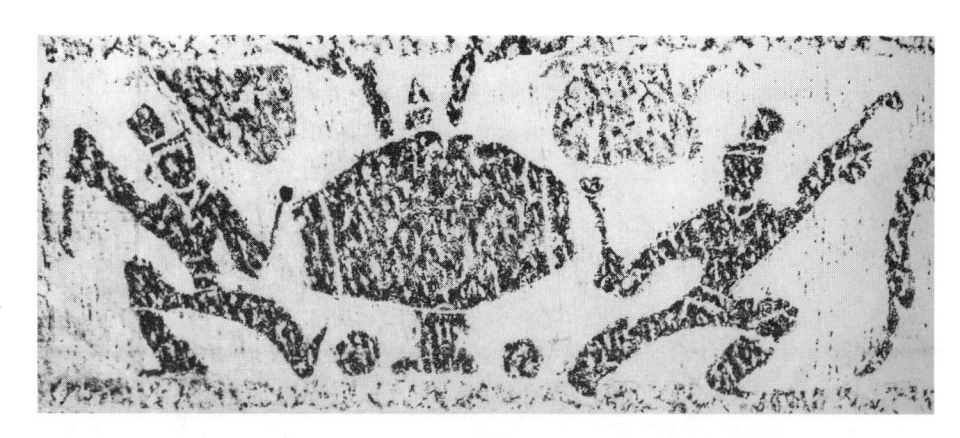

图 7　南阳王寨汉墓建鼓舞者

图 8　南阳王寨汉墓武士

图 9　南阳石桥汉墓武士

士画像石，武士们的衫服也阻碍不了其跨开的双腿（图10）。樊哙不是武士，但画像石则将其纳入武士的行列，让其身着武士的服装。如唐河冯君孺人墓中的樊哙，其衫服就仅及腰部，连臀部都遮挡不住（图11）。

图10 南阳市区汉墓二桃杀三士

图11 唐河冯君孺人墓樊哙（左侧）

04
短　裤

从长袍深衣到襦服衫服，再到半裸半衣，画像石将职业、地位的不同，表现得一清二楚。如有勇无谋的武士、力士，靠体力或技能劳作谋生谋食的乐人、屠夫，大多都是只穿一条短裤。如山东沂南汉墓中室南壁横额东段庖厨图中，一位正在杀羊的屠夫，就赤裸着上身，只在短裤之外，加了一条围裙（图1）。另一位正在酿酒的师傅，也是如此打扮（图2）。

图1　沂南汉墓屠夫

图2 沂南汉墓酿酒师

和厨师们一样，沂南汉墓从事乐舞杂技的演员，着装也同样简单。如中室东壁横额上顶杆的杂技演员，就是裸露上身，下身只穿了一条短裤。短裤由带子系在腰间，下摆还有花纹（图3）。顶杆演员旁边的飞剑跳丸者，也是同样的短裤，同样的打扮（图4）。河南省唐河县冯君孺人墓北阁室北壁上托壶跳丸演员，也是上

图4 沂南汉墓飞剑跳丸演员

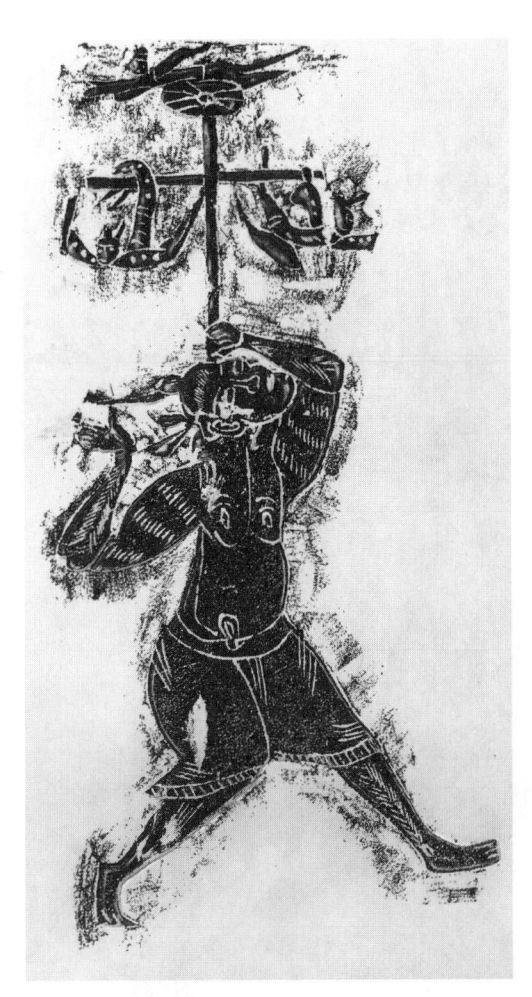

图3 沂南汉墓顶杆演员

身赤裸，下身短裤（图5）。

在河南方城东关汉墓一块门扉上，刻画的武士也是上身赤裸，下身短裤（图6）。方城东关汉墓门扉上的执钺武士，身着打扮和城关的几乎没有区别，不同的只是腰间的带子像敝膝一样（图7）。

和短袍一样，短裤是下人的服装。

图5　唐河冯君孺人墓托壶跳丸演员

图 6　方城东关汉墓武士

图 7　方城东关汉墓武士

05
鞋

画像石所见的鞋子有带鞋面的，有不带鞋面的，有高腰的，也有矮腰的，还有室内穿的软底鞋。如河南省方城县东关汉墓门扉上的武士所穿的革履，就没有鞋面，脚背完全裸露在外（图1）。山东省莒县沈刘庄汉墓一位门吏的鞋则有

图1　方城东关汉墓武士

鞋面，脚背大部分被鞋面遮住（图2）。嘉祥县南武山小祠堂登上楼梯的颍考叔，脚下的鞋子则像是现在的圆口布鞋，看起来很合脚（图3）。兰陵城前村汉墓墓门右立柱上下两位文武官员所穿的鞋子，鞋面开的则是方口（图4）。莒县沈刘庄汉墓墓门西立柱下，执节人员所穿的鞋子还是高腰的（图5）。四川新津崖墓墓门两位端着盘子的侍者，脚下的鞋子像是日本的软底鞋（图6）。

图2　莒县沈刘庄汉墓门吏

图3　嘉祥南武山小祠堂颍考叔

图 4　兰陵城前村汉墓官员

图 5　莒县沈刘庄汉墓执节

山东省嘉祥县南武山小祠堂正面画像厅堂内拜谒图，主人坐在带有花纹的榻上，脱掉的鞋子就摆在身后。这双鞋子虽然没腰，但鞋面较深，能够完全遮挡住脚背。脱掉鞋子在榻上就座，和今天在榻榻米上就座一样，是汉代的一种生活方式（图7）。

图 6　新津崖墓侍者

图 7　嘉祥南武山小祠堂主宾

06
胡　服

汉代是一个开放融合的时代，与匈奴比邻而居，胡汉文化交流融合，所着服装也大同小异。如山东省济南市长清区孝堂山祠堂胡汉战争画面中，胡人的首领身旁就有"胡王"的榜题（图1）。但这里的胡王和胡人士兵，除了头上的尖顶帽外，

图1　济南市长清区孝堂山祠堂胡王

其袍服、襦服都和汉人一样。战争之外，匈奴人也有来到汉地谋生的，常见的职业就是充当门吏，看门守户。众多胡人的内迁，还将自己的信仰崇拜带了过来，如费县垛庄镇刘家疃汉墓一块画像石上，一座六角建筑，可能就是佛塔，胡人们聚集在建筑周围，很可能就是在举行祭祀朝拜活动。这些胡人同样身着襦服，头戴尖顶帽（图2）。四川省乐山市麻浩1号崖墓祠堂，门楣正中间盘腿而坐的佛像，则将一种全新的服饰展现在汉画像石之中，这种不是交领、没有前后衣襟的服饰就是佛教的通肩大衣。所谓通肩大衣，就是整件衣服只是一块布，披搭在身上，不裁不缝，也没有领子、袖子（图3）。山东省枣庄市

图2 费县刘家疃汉墓胡人

图3 乐山麻浩1号崖墓坐佛

山亭区出土的一块画像石上，跟在大角羊身后的僧侣，身上穿的就是这样的衣服（图4）。作为佛教的服装，除了通肩大衣外，还有一种束腰的袍服。如沂南汉墓中室八角立柱北面上端有头光的童子，窄袖上衣和肥裤外，是一件不带袖子的袍服，袍服下摆过膝，以腰带束缚。这种不带袖子的袍服如同唐代的半臂和后来的马甲（图5）。这位正面站立头后有圆光的童子，是释迦牟尼出家之前的太子形象，其身着服装，是佛教故乡的"胡服"。受此影响，在莒县沈刘庄汉墓墓门西二立柱正面，一位举着狩猎工具的猎人，其扎腿肥裤与沂南汉墓童子像类似，裤口用带子扎紧（图6）。

图4　枣庄市山亭区汉墓僧侣

图5 沂南汉墓童子（线图）　　　图6 莒县沈刘庄汉墓猎人

  与胡汉战争和边境交往不同，佛教的服饰是通过丝绸之路传播过来的。而丝绸之路是中外商人的创举。如山东省枣庄市山亭区出土的一块画像石上，骑着骆驼的光头人，可能就是一位从丝绸之路走来的僧侣

(图7)。这些经商的胡人，和胡汉战争中的胡人不同，他们头上不戴尖顶帽，而是顶着一个佛陀那样的肉髻。如河南省唐河县冯君孺人墓北阁室北壁驯虎的胡人，头上的帽子就像肉髻（图8）。

图7 枣庄市山亭区画像石僧侣

图8 唐河冯君孺人墓胡人

唐河电厂汉墓刺虎的胡人，头上没戴帽子，只是一头向后抿着的卷发（图9）。南阳石桥汉墓墓门北门楣上的持矛胡人，同样也是一头向后抿倒的卷发（图10）。唐河电厂汉墓前室南壁西门楣上

图 9　唐河电厂汉墓胡人

图 10　南阳石桥汉墓胡人

的拔剑胡人，则是光头（图11）。唐河和南阳的这几位胡人，一个典型的面部特征就是高鼻大眼，"高鼻深目"是汉人对胡人的认识。而窄袖、圆领袍服、高筒靴、尖角帽、光头或卷发，都是胡服的典型符号。

图11　唐河电厂汉墓胡人

07
冠

冠是成年的标志，也是职务身份的标志。《周礼》规定，男子未成年不冠。不但不戴帽子，还不能将头发束起来，只能披散着。即便如太子身份的周成王，在未成年时期，也同样披散着头发。如山东省汶上县先农坛小祠堂，画像中的成王，在被其父王托孤给周、召二公时，就披散着头发（图1）。而曾经问难孔子的项士之橐，在画像石中则一直披散着头发，如嘉祥南齐山小祠堂中的项橐，就像成王一样披散着头发，仰头面向孔子（图2）。但当成王成年后，头上就被加了冠冕。

图1　汶上先农坛小祠堂成王

图2 嘉祥南齐山小祠堂项橐

图3 嘉祥五老洼小祠堂成王

如嘉祥五老洼小祠堂周公辅成王中的成王,其形象就是个头高,腰间系着宽大的绶带,头上戴着通天冠(图3)。

通天冠是朝会时帝王戴的冠。如《后汉书·舆服志》中载:"通天冠,高九寸,正竖,顶少邪却,乃直下为铁卷梁,前有山,展筒为述,乘舆所常服。"[1] 就是在特定的日子,皇帝率领群臣拜祖庙时戴的帽子。

[1]《后汉书·舆服志》,中华书局1965年版,第3665—3666页。

08

进贤冠

《后汉书·舆服志》中罗列的冠冕有19种，但画像石因为是墓葬装饰，常见的冠是进贤冠和武冠。进贤冠是文人的帽子，武冠是武人的标志。《后汉书·舆服志》说："进贤冠，古缁布冠也，文儒者之服也。前高七寸，后高三寸，长八寸。公侯三梁，中二千石以下至博士两梁，自博士以下至小史私学弟子，皆一梁。"[①] 其冠的形式是在圆筒的帽圈上加一前高后低的长方形顶，长方形的宽度以梁为准，越宽的级别越高。山东省沂南汉墓前室东壁横额吊唁图中领头的两位官员，头上戴的进贤冠，就是横竖三根线条，这或许就是二梁的进贤冠（图1）。河南省邓州长冢店汉墓前室东壁墓门北立柱上的人

① 《后汉书·舆服志》，中华书局1965年版，第3666页。

图1 沂南汉墓官员

物，其中拱手端立者头上戴的进贤冠，正面竖线像是四根，捧板跪地谒见者则三根（图2）。孔子是春秋时期的人，虽然官至大司寇，但不是公侯的级别，所以头戴进贤冠。如山东省嘉祥县南齐山小祠堂画像石中的孔子，头上戴的进贤冠前面好像只有两根竖线（图3）。跟随在孔子身后的弟子们，头上所戴，从侧面看，和孔子并无二致（图4）。同样，南齐山小祠堂门吏头上，也是进贤冠，也和孔子没有区别（图5）。所以如此，可能是从画像石的侧面无法辨识梁的多少。江苏省邳州市燕子埠镇尤村汉墓墓门左侧柱，上两格

图2 邓州长冢店汉墓官员

图3 嘉祥南齐山小祠堂孔子

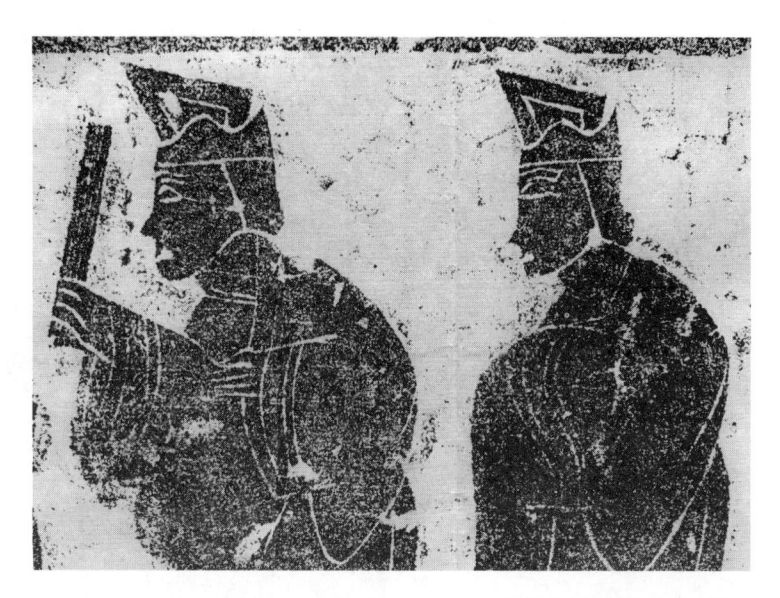

图 4 嘉祥南齐山小祠堂孔门弟子

图 5 嘉祥南齐山小祠堂门吏

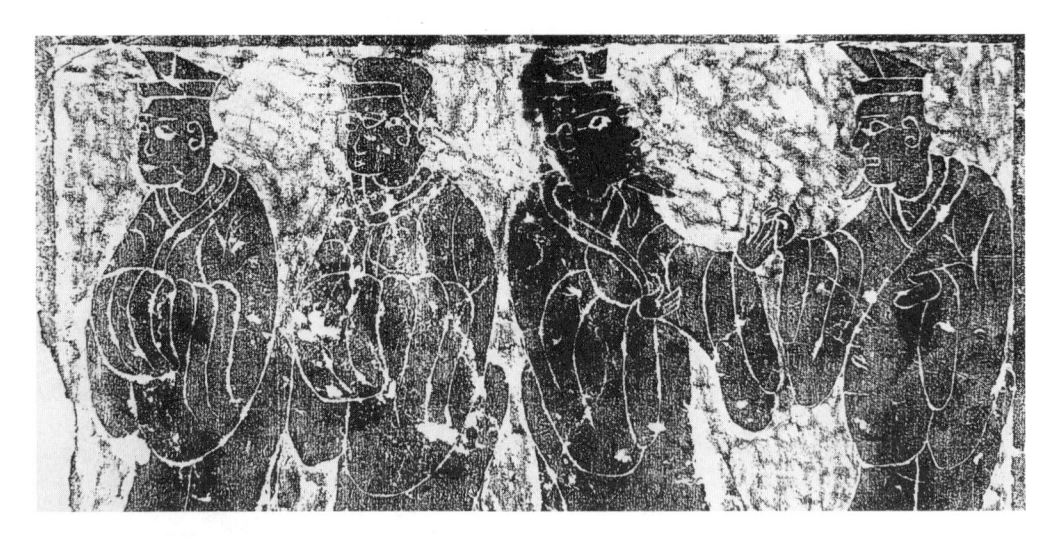

图6　邳州燕子埠汉墓官员

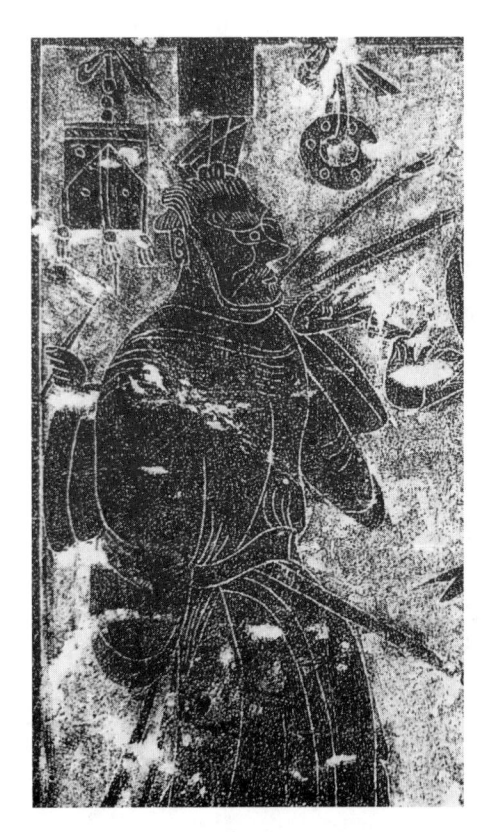

图7　沂南汉墓豫让

的九位官员，除了戴武冠的，其他都是进贤冠，其半侧面表现的进贤冠也都是两根竖梁（图6）。沂南汉墓中室西壁南侧下格一位手持匕首，疑是刺客豫让的人物，头上所戴进贤冠也是两梁（图7）。

除了学者和官员外，画像石中的乐队人员，也戴进贤冠。如嘉祥南武山小祠堂中吹竽、吹箫、吹排箫的三位乐手，就都戴着进贤冠（图8）。同样，沂南汉墓中室东壁横额上吹竽、吹排箫者也是头戴进贤冠（图9）。

图 8　嘉祥南武山小祠堂乐队

图 9　沂南汉墓乐队

同一场地敲击编磬的乐手，头上戴的进贤冠是二梁（图10）。沂南汉墓前室西壁横额右端三位官员头上的进贤冠，能清楚地看见所罩住的介帻，说明冠的四周没有用布裹起来（图11）。

图10　沂南汉墓击磬乐手

图11　沂南汉墓官员

陕西省绥德一座墓门右立柱下捧着手板迎候的门吏，头上戴的进贤冠，一根梁特别明显（图12）。

学者研究，进贤冠像现在的帽徽一样，是帽子上外加的部分。画像石所见，进贤冠是可以随时取下的。如嘉祥县宋山小祠堂两位晋见的官员，匍匐在主人面前行跪拜礼的时候，是要将进贤冠摘下来，放在面前的（图13）。宋山另一座小祠堂晋见礼，同样也是把进贤冠摘下来放在面前，同时被摘下来的还有

图12　绥德汉墓墓门门吏

图13　嘉祥宋山小祠堂免冠晋见

武冠(图14)。进贤冠和武冠表明,来宾有文有武。免冠晋见时,则要将进贤冠和武冠都解除下来。这是古代免冠礼的图像表现。陕西省绥德四十里铺汉墓墓门门楣上,匍匐在地的晋见者,同样也是把进贤冠摘了下来,放在面前,叩首跪拜(图15)。

《后汉书·礼仪志》说到皇帝驾崩时,百官"皆衣白单衣,白帻不冠"[①]。不冠,就是将冠摘下来,只戴着帻。和现在的脱帽致敬一样。

① 《后汉书·礼仪志》,中华书局1965年版,第3141页。

图14 嘉祥宋山小祠堂免冠晋见

图15 绥德四十里铺汉墓免冠晋见

09
武 冠

①《后汉书·光武帝纪》，中华书局1965年版，第3页。

  武冠是军人的冠饰。《后汉书·光武帝纪》中记载，光武帝回到故乡舂陵时，就身着绛衣，头戴大冠。《东观汉记》中记载："上至，绛衣大冠，将军服。"董巴《舆服志》解释说："大冠者，谓武冠，武官冠之。"①

  画像石中的武冠和进贤冠一样，也是帽子外加的部分。如浙江省海宁市海宁中学汉墓甬道北壁捧盾门吏头上戴的武冠，就是套在原来的帻上，帻前面的额题还特别明显。为了牢固，武冠加了两根带子束缚，长长的带子还左右飞扬（图1）。山东

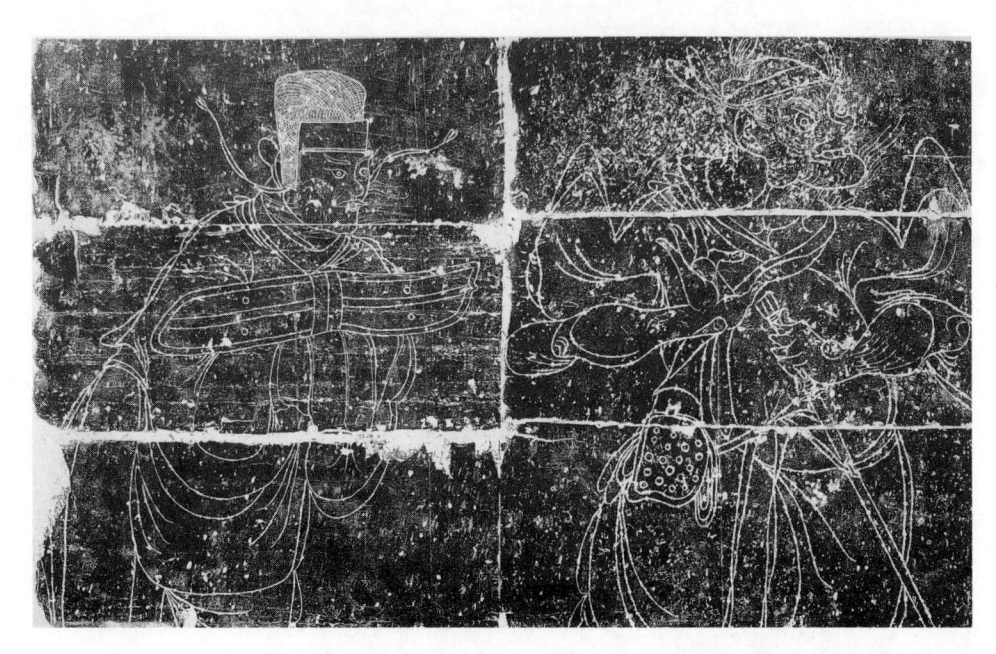

图1 海宁市海宁中学汉墓武士

省沂南汉墓中室北壁东侧下格右侧武士的武冠,同样也是套在帻上,帻由带子束缚,武冠也有带子系在颏下(图2)。沂南汉墓中室东壁北侧下格右侧武士头上的武冠,没有带子系在下巴颏,而是套在帻之后,又用额题勒紧的。这样的戴法,可以省略武冠的带子,但免冠的时候,则要将额题和武冠同时解除(图3)。河南

图2　沂南汉墓武士

图3　沂南汉墓武士

省唐河电厂汉墓前室南壁西门楣上出行的仪仗队中，骑在马上的手拿棨戟的武官，头上的武冠有着长长的护耳，武冠和护耳像一把没有腿的椅子一样，倒扣在帻上（图4）。唐河冯君孺人墓北阁室北壁左石，正面站立的武官，头上戴的武冠是正面形象，上为武冠，下是额题。身边伏地跪拜的武官所戴同样是武冠和额题组合（图5）。

图4　唐河电厂汉墓武官

图5　唐河冯君孺人墓武官

和军人武官一样，画像石所见头戴武冠者，大多都是门吏。如沂南汉墓前室南壁中柱上下两格，上格是武库，下格立柱两侧是两位捧盾门吏，门吏都戴武冠，其形式是武冠套在介帻上，再用带子束紧在颏下（图6）。江苏省睢宁征集的一块画像石上，双阙旁边捧盾门吏头上的武冠也是套在帻上，前面露出帻的额题（图7）。睢

图6　沂南汉墓门吏

图7　睢宁画像石门吏

宁征集的另一块画像石上，捧盾门吏的武冠，套在帻上的形式更加清楚明显（图8）。安徽省宿州褚兰镇墓山孜2号墓前室北壁西侧的执棒门吏，其武冠的戴法和睢

图8　睢宁画像石门吏

宁的一样（图9）。四川芦山汉墓墓门右侧捧盾门吏的武冠，也是套在帻上，露着宽大的额题（图10）。河南省方城东关汉墓两位执棨戟捧盾门吏，武冠帽耳特别长，长到颏下，其脑门上的额题也格外醒目（图11）。唐河针织厂汉墓三位捧盾执板门吏，武冠前头的额题，中间还凸起如峰（图12）。浙江省海宁市海宁中学汉墓前室北壁甬道东侧上下两格，除执便面老人头戴帻外，跪地迎候和手伸向火盆者头上所戴武冠，不带护耳，

图 9 宿州墓山孜门吏

图 10 芦山汉墓门吏

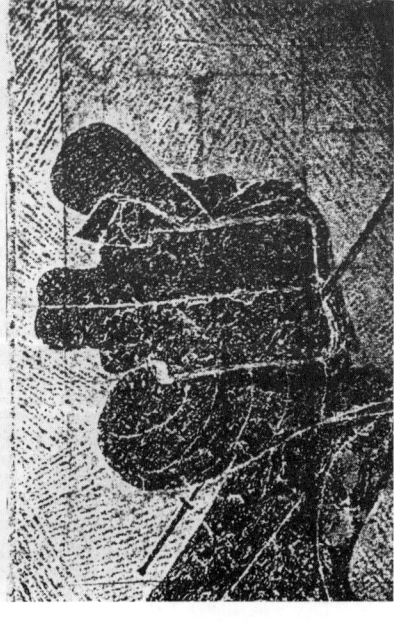

图 11 方城东关汉墓门吏

图12　唐河针织厂汉墓门吏

直接插在帻上（图13）。

画像石所见，头戴武冠的一是武官军人，二是门吏。其戴的方式也有两种，一是套在帻上，二是套上后再用额题勒紧，最常见的是直接套在帻上，免冠的时候，就将系带解开，取下武冠。

图13　海宁市海宁中学汉墓武官

010

武士冠

除了武官和门吏外,守护门户的还有不是军人身份的武士。他们头上所戴,既不是帻,也不是武冠,其形式五花八门。如山东省沂南汉墓中室西壁下格的荆轲,是作为武士被刻画的。裸露着上身的荆轲,头上就只是用带子把头发系住的(图1)。河南

图1　沂南汉墓荆轲

省方城东关汉墓东门左扉背面的武士，口衔利箭，手脚拉开强弩，其头上也是系着一根带子（图2）。邓州市长冢店汉墓前室东壁墓门南柱上的牵犬武士，头上带子在额头还交叉打结，像今天陕北地区的包头毛巾一样（图3）。

沂南汉墓中室西壁南侧下格的武士，头上的带子像是"山"字冠，中间的长冠冲天，冠在束发后用带子系紧在颏下（图4）。安徽省亳州十九里镇东园村汉墓武士，头上的冠也是这样（图5）。沂南汉墓中室东壁北侧下格左侧武士，头上的冠饰则是一根带子冲天，四根左右并列（图6）。上格两位武士

图2　方城东关汉墓武士

图 3 邓州长冢店汉墓武士

图 4 沂南汉墓武士

图 5　亳州东园村
汉墓武士

图 6　沂南汉墓武士

则三根分明，其中左侧的三根平列如同"山"字（图7）。沂南汉墓的武士，都是如荆轲、赵盾一样的历史人物，头上所戴，应该都有出处。

　　河南省南阳市石桥汉墓北墓门南门扉上，口衔利箭，手脚蹬拉强弩的是一位胡人，头上所戴如同今天的高顶毡帽（图8）。南阳英庄汉墓主室隔墙北柱东侧的执棒胡人，帽子则像尖筒线帽（图9）。

图7　沂南汉墓武士

图8 南阳石桥汉墓胡人　　　　　　　　　　图9 南阳英庄汉墓胡人

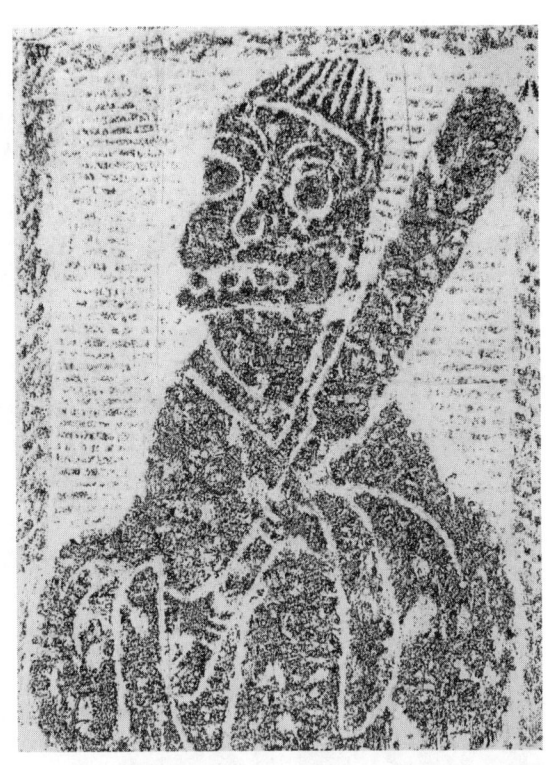

　　南阳市宛城区工农路口汉墓出土的一位牵犬武士，头上的一根冲天冠饰，细长如喜鹊的尾巴，则可能是《后汉书》中所说的鹊尾冠。这也是汉高祖刘邦创制的长冠，属于楚地的冠饰。南阳毗邻楚地，受楚文化影响深远（图10）。

　　山东省嘉祥县南店子小祠堂二桃杀三士中的三士，头上所戴像是在帻之上加了一个口袋一样的帽子，或前垂或后垂。有学者推断其为皮弁，是用鹿皮制作的冠饰（图11）。嘉祥满硐镇宋山

图 10 南阳市宛城区工农路口汉墓武士

图 11 嘉祥南店子小祠堂三士

小祠堂二桃杀三士中的三士,头上的冠冕和南店子类似,因为太绵软,需要带子束紧(图12)。

图12 嘉祥宋山小祠堂三士

011

帻

　　帻是没有官衔的冠饰。《汉书·舆服志》："帻者，赜也，头首严赜也。至孝文乃高颜题，续之为耳，崇其巾屋，合后施收，上下群臣贵贱皆服之。文者长耳，武者短耳，称其冠也，尊卑贵贱皆服之。"[①]帻的作用就是护住头发不外露。画像石所见头戴帻的多数是身份地位低下者，如门卒、厨师等。山东省沂南汉墓前室西壁横额右端拥彗执梃三人，都头戴没有护耳的平上帻，其顶如矮三角，前有额题，帻由两条带子系在颔下（图1）。江苏省睢宁征集的一块画像石上，拥彗者所戴是平上帻，前面额题中间还有一半圆凸起（图2）。浙江省海宁市海宁中学汉墓甬道北壁的武士头上所戴，还特别突出了额题结束在脑后的形式（图3）。海宁中学汉墓前室北壁甬道

① 《后汉书·舆服志》，中华书局1965年版，第3671页。

图1　沂南汉墓门卒

图 2 睢宁画像石门卒

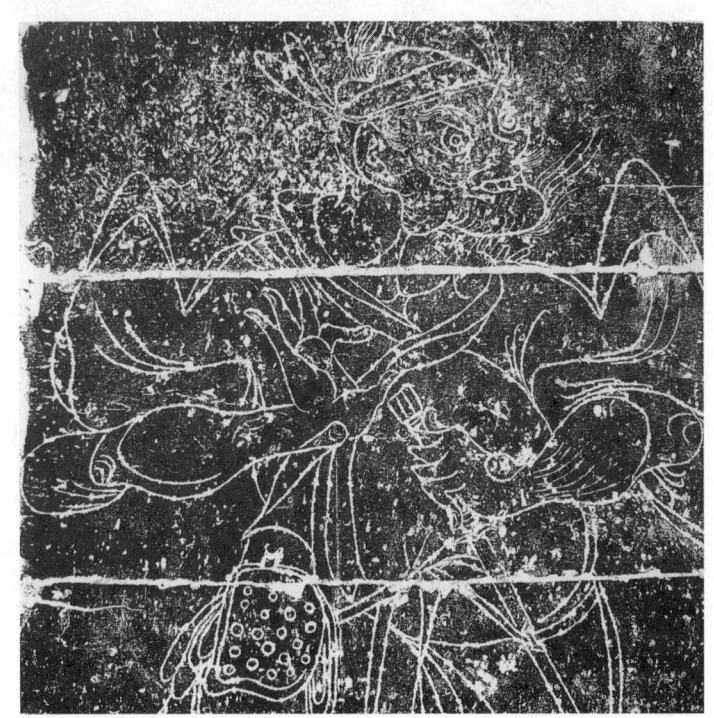

图 3 海宁市海宁中学汉墓武士

东下格执便面老者，头上所戴帻，前低后高（图4）。四川芦山汉墓墓门拥彗门卒所戴帻，也是前低后高，前头额题明显（图5）。

图4 海宁市海宁中学汉墓门卒

图5 芦山汉墓门卒

012

通天冠

① 《后汉书·舆服志》，中华书局1965年版，第3665页。

② 同上书，第3页。

《晋书·舆服志》中说，通天冠是"乘舆所常服也"[①]。乘舆是帝王的代称。《后汉书·礼仪志》则更加详细地区别，帝王在吉日加元服，行冠礼时则"初加缁布进贤，次爵弁，次武弁，次通天。……王公以下，初加进贤而已"[②]。

因为画像石是墓葬装饰，逝者最想去的地方是与古人聚居所在，古人既包括自家的先人，也包括历史过往的古圣先贤，包括传说中的三皇五帝。受现实社会管理系统的限制，人去世的世界同样要有主宰，有帝王，有望尘莫及的大人物。古人之中，首推三皇五帝，伏羲女娲。但是作为三皇之首的伏羲，画像石作者除了知道其人身蛇尾外，还知道其古帝王的身份。所以在河南省南阳市卧龙区麒麟岗汉墓前室室顶上的伏羲，就身着宽大的袍服，头戴通天冠。这里的通天冠如同进贤冠前面的梁，冲天竖立，又如鹊尾冠，但鹊尾冠是向后倾斜，通天冠则朝上直立。冠梁冲天是楚冠的形式（图1）。南阳市宛城区军帐营汉墓墓门中立柱背面，两位官员头上所

图1　南阳卧龙麒麟岗汉墓伏羲

戴，也是在进贤冠前加一直立的长板，这也应该是通天冠。从一人持节，一人执板，相对拱手的动作推测，这两人很可能是尧舜禅让。执节者居右侧上位，捧板者居左侧下首，可知执节者是帝尧，捧板者是帝舜（图2）。山东省嘉祥武梁祠西壁古帝王中居后的夏桀，头上所戴通天冠和军帐营雷同。夏桀是夏朝最后一位帝王，其头上所戴，就是《后汉书》中所说的"乘舆常服"的通天冠（图3）。嘉祥五老洼小祠堂中周公还政去地下见周武王时，两位所戴，也是和夏桀一样的冠冕（图4）。嘉祥宋山小祠堂，面对自裁的太子，晋献公头上戴的通天冠，同样是这样的形制（图5）。嘉祥南店子小祠堂二桃杀三士中的齐景

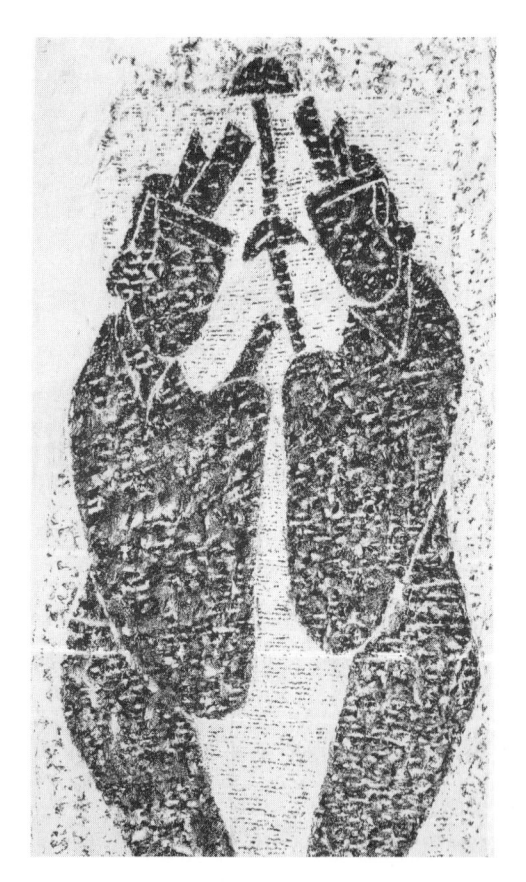

图2 南阳军帐营汉墓尧舜　　　　　　　图3 嘉祥武梁祠夏桀

图 4　嘉祥五老洼小祠堂周武王、周公

图 5　嘉祥宋山小祠堂晋献公

公，通天冠和晋献公雷同（图6）。从夏桀到齐景公，都是夏商周三代的国君。到了荆轲刺秦王的时代，秦始皇作为秦国的国君，头上所戴通天冠，依然还是三代国君的样式。如嘉祥武氏祠左石室后壁小龛西壁的秦始皇（图7）。但在河南省唐河针织厂北主室北壁东段的荆轲刺秦王画像中，秦始皇头上的冠和南阳麒麟岗的伏羲所戴一样，是

图6　嘉祥南店子小祠堂齐景公

图7　嘉祥武氏祠左石室秦始皇

在帽子上凭空竖起的一根立柱，刺秦王的荆轲同样也是这样（图8）。唐河针织厂南主室西壁上部的聂政刺韩傀，两位主角也都和荆轲刺秦王一样，而聂政身后的人物则头戴武冠。让刺客和被刺杀的对象都戴着同样的冠饰，代表了楚地时人的认识（图9）。

图8　唐河针织厂汉墓荆轲刺秦王

图9　唐河针织厂汉墓聂政刺韩傀

山东省沂南汉墓中室北壁西侧上格的项羽，面对身佩虎头鞶囊的樊哙，头上所戴，冲天的主冠两侧是束缚的带子（图10）。

除了一根直立的楚冠和进贤冠前加一立柱的通天冠外，画像石中的国君所戴冠冕，还有另一种形式。如山东省沂南汉墓中室南壁西侧上格的齐桓公，头上的冠饰就是在束发后竖起的三根带子（图11）。

陕西省绥德一块墓门门楣上，面对手持玉璧欲碎玉的蔺相如，秦昭襄王头上戴的是一高两低的山字冠，冠在罩住发髻后，还用两根带子束紧。这种形式的帽子应该也是通天冠（图12）。山东省费县垛庄镇刘家疃汉墓三皇旁边的两位帝王，正在交接简册的动作，像是尧舜禅让，两位古帝王头上所戴，

图10 沂南汉墓项羽

图 11　沂南汉墓齐桓公

图 12　绥德汉墓秦昭襄王（左）

类似沂南汉墓的齐桓公,其束缚冠冕的带子还在头上折成弧形(图13)。安徽定远靠山乡一块画像石上,凭几端坐的东王公,头上所戴的通天冠同样也是由两根带子束缚(图14)。嘉祥南武山小祠堂周公辅成王中成王所戴,则像一个"山"字。这种山字冠应该都是通天冠,和秦昭襄王所戴不同的,只是高低软硬而已(图15)。山字冠何以是通天冠?或许是因为山高近天,山是上天的途径,如传说中黄帝就是在泰山顶上乘龙上天的。这是古人的认识。

图 13　费县刘家疃汉墓古帝王

图 14 定远靠山乡汉墓东王公

图 15 嘉祥南武山小祠堂成王

013
冕　冠

冕冠是帝王的帽子。其形式是在圆顶帽子上加一块长方形板，板的前后垂几条珠串。《后汉书·舆服志》说，"冕冠，垂旒，前后邃延，玉藻"。刘昭注："邃，垂也。延，冕上覆。"郑玄注："合五采丝为之绳，垂于延之前后，各十二，所谓邃延也。"[1]藻，就是在垂丝绳上串上玉珠。山东省嘉祥武梁祠西壁古帝王中的帝舜，就是这样的冕冠（图1）。沂南汉墓中室南壁东侧下格的尧舜禅让中，尧舜头上所戴，也是这样的形式（图2）。

受阅历和眼界的限制，画像石作者看到的帝王国君冠冕，或者是道听途说，或者是见过宗庙祠堂的壁画。如沂南汉墓中室西壁北侧下格的荆轲刺秦王，秦始皇头上所戴，既不是冕冠，也不是通天冠，而是一顶帻。让秦始皇像贩夫走卒一样，戴着不代表任何职位官衔的帻，或许是画像石作者的一厢情愿（图3）。

图1　嘉祥武梁祠帝舜

[1]《后汉书·舆服志》，中华书局1965年版，第3663—3664页。

图 2　沂南汉墓尧舜

图 3　沂南汉墓秦始皇

014

女性发饰

画像石所见，汉代的女性一般不戴冠，只是在头发的梳妆上变化。如山东省微山县两城镇小祠堂的西王母及其左侧的女娲，头上的发髻就是在头发向后挽起如男性的武冠大髻后，左右还有横向两环（图1）。河南省南阳市英庄汉墓主室

图1　微山两城镇小祠堂西王母

中柱，执镜侍女头上的发型和两城镇小祠堂的西王母类似。这种一高两低的样式，很可能是模仿了男性的山字冠式样（图2）。安徽省宿州褚兰镇墓山孜2号墓前室西壁下格的5位执便面女性，头上发髻只是一个，还用带子束紧（图3）。四川省芦山王晖石棺后档头半掩门侍女，发髻好像是向后卷起的一环，左右有带子束缚（图4）。成都曾家包汉墓墓室后壁在井旁打水的女性，其向后挽起的发髻也是一环，额头还有带子勒紧（图5）。

图2 南阳英庄汉墓执镜侍女

图3 宿州墓山孜2号墓女性

图 4 芦山王晖石棺侍女

图 5 成都曾家包汉墓打水女

江苏省徐州市铜山区汉王镇东沿村小祠堂的四位女性，头上发型和微山的类似，也是在挽起一个大髻后，左右各一环，脑后留发，同时额上还用一根带子勒紧（图6）。河南省南阳市卧龙区七里园汉墓出土的端灯侍女，头上发髻也是由一根带子勒在额头，带子像是男性的额题。头顶耸立的发髻之后，还留着像蛇尾样的一缕发梢（图7）。1962年南阳市区出土的一块画像石上，对镜女性的高髻上飘着的"蛇尾"则更长（图8）。南阳市卧龙区麒麟岗汉墓女性，额头正中凸起的半圆，像是男性的额题，左右发髻下垂成刘海，其上高髻则用带子束

图6 铜山东沿村小祠堂女性

缚(图9)。南阳石桥汉墓主室门中柱长袖卷起的女性,头上发髻高耸,额头两侧还戴胜,耳前刘海下垂(图10)。南阳女性发髻越来越高,应是当时的社会潮流。如《后汉书·马援传》所说:"城中好高髻,四方高一尺。"①

① 《后汉书·马援传》,中华书局1965年版,第853页。

图7　南阳七里园汉墓端灯侍女　　　图8　南阳市区汉墓对镜女性

图 9　南阳麒麟岗汉墓女性

画像石所见，除了高髻，还有一种发型是戴胜。如山东省嘉祥县宋山小祠堂西王母头上，就横担着一根"扁担"，"扁担"的两头是像尊一样

图 10　南阳石桥汉墓女性

的胜（图11）。胜有克的意思，戴胜就有克敌辟邪的含义。西王母戴胜，除了辟邪外，还有端庄的含义。就是行得正，坐得端，是女性修身的根本。河南省唐河电厂汉墓前室南壁西门楣上的西王母是站立的形态，其冕冠像帝王的一样，是横在头发之上的（图12）。江苏省睢宁张圩征集的一块画像石上，西王母戴的胜，横向穿过头发，像是小姑娘的丫鬟，特别可爱（图13）。

山东省沂南汉墓后室南侧隔墙东面下格三位侍女，头梳花钗大髻，大髻上还竖插着12根笄。之所以插这么多，是因为头上挽的大髻还需要用一块黑布包住。笄是包头的象征，

图11　嘉祥宋山小祠堂西王母

图12 唐河电厂汉墓西王母

图13 睢宁画像石西王母

笄越多，布越不容易散开（图14）。类似的画像，还见于河南省新密市打虎亭汉墓。在1号墓中室甬道东壁上的前两位侍女，头上也是插着一排笄，脑后还有两根包头的带子（图15）。

图14　沂南汉墓侍女

图15　新密市打虎亭汉墓侍女（线图）

Part 02

民以食为天。汉代人相信灵魂不死,灵魂在另一个世界里也要吃喝玩乐。因此,汉代的墓葬里就随葬饮食器物,汉画像石中就刻画饮食图像。画像石中的庖厨图,是汉代饮食的缩影。

汉代的饮食,包括主食和副食。画像石所见主食是蒸的粒食,副食则是肉食。肉食包括家畜家禽、水鲜和野味。肉食的表现是获取和加工方式。

食

食

... ...

01
主　食

画像石所见，汉代的主食是大米和小米，大米是水稻，小米是谷子。烹饪方式是煮和蒸。

陕西省绥德王德元墓室东壁，门左右下两格，上格牛耕，下格谷子地。地里的谷子茎秆粗壮，顶天立地，狗尾巴一样的谷穗倒垂（图1）。靖边寨山墓，门右立柱中格，上层是谷子地，地头有两只鸡，其下是牛耕。内容、构图和王德元墓类似。不同的是王德元墓拉犁的是一头牛，靖边的是二牛抬杠。谷子地里不但有粗大下垂的谷穗，还有鸡和大雁，鸡和雁的

图1　绥德王德元墓谷子地

出现，说明的是年成不错，粮食丰收（图2）。山东省泰安市大汶口汉墓前室西壁横额左端孝子赵苟，一边照顾着老父，一边在地里劳作，地里长的谷子虽然还没有秀穗，但茎叶已像树一样粗细，苗壮茂盛（图3）。陕西绥德延家岔墓门左立柱下格的谷子已经成熟，一位农夫手里举着镰刀，正准备收割（图4）。

四川省成都市郊曾家包汉墓墓室后壁，描绘的是水稻生产、加工、储藏和食用一条龙过程。水田里有农夫在耕耘，硕大的稻穗将稻秆压弯了腰，旁边是两台舂米的碓，两人正踩着脚踏式的碓舂米，舂米者身后是一高架粮仓，稍远处还有人正从另

图2 靖边寨山墓谷子地

图 3 泰山大汶口汉墓谷子地

图 4 绥德延家岔墓谷子地

一座仓库里往外端米。水稻在水田，需要耕耘照料，收获的水稻要舂成米，才便于储藏，食米要用量器从仓库里端出，吃稻米的人家生活方式一丝不苟（图5）。

谷子和水稻画像，注解了汉代的主食种类。

合川3号石棺一侧大门旁的阙内，一人也在舂米。和曾家包的脚踩不同，这里是坐着舂米的（图6）。山东省微山沟南石椁，舂米用的是杵臼，两位劳作者各自抱着长长的杵杆在臼中舂米（图7）。画像石上的舂米，都在庖厨的场地，说明这里的米就是食用米。

用杵臼和碓加工粒食，说明这些粒食需要脱壳，水稻和谷子脱壳后分别是大米和小米。画像舂米，是为了注解灶上蒸锅里看不见的内容，而舂米人急急忙忙的动作，则将等米下锅的心情表现得淋漓尽致。

图5　成都曾家包汉墓稻谷

图 6　合川 3 号石棺舂米

图 7　微山沟南石椁舂米

02

家禽家畜

自古以来，肉食就是老百姓的饮食目标。春秋时期有"肉食、草食"之说，肉食、草食成为身份等级的区分标准。由此，画像石在描述逝者的幸福生活时，浓墨重彩的基本是肉食。这里既有家畜家禽，也有山珍野味。常见的肉食是鸡鸭鹅狗牛羊猪，野味则是鹿兔野鸡和水中的鱼鳖等水族。家畜家禽靠放养，野味则靠渔猎。

家禽在家里散养。陕北地区的画像石，家禽都被安排在门口，和车马门吏为伍。如神木大保当汉墓，墓门左右立柱下端，停驻的车马旁边就是散养的家禽。这里的三只家禽，类似鹳鸟（图1）。子洲苗家坪墓门右立柱下端，与家禽为伍的还有狗有猪，其下是牛车。这是家禽家畜混养的表现（图2）。米脂官庄汉墓墓室东壁右侧下端，驻马和捡拾马粪者旁边是两只家禽和一只狗。捡拾马粪，说明是马被闲置而无用，只能与家禽家畜为伍了（图3）。1962年，绥德出土的汉墓墓门

图1　神木大保当汉墓家禽

图 2 子洲苗家坪汉墓家禽家畜

图 3 米脂官庄汉墓家禽家畜

右立柱，门阙之下是牛耕，旁边有羊、鹿4头（图4）。1977年，绥德出土的汉墓墓门左右立柱下端，两只大角鹿之上是两只鹳鸟，其中一只鹳鸟还捕捉了一条大鱼（图5）。这里把鹳鸟捕鱼刻画在墓门上，可能是为了注解墓葬的黄泉性质，也可能是"食有鱼"的象征。

嘉祥县武氏祠左石室后壁小龛后壁，悬车驻马之间是一棵大树，树下一只大雁抬头瞅着树上的小鸟（图6）。这里的大雁，可能是《礼记·月令》中所说的"季秋之月……鸿雁来宾"[①]，暗示厅堂里正在发生的事情，寓意逝者入土。但让大雁像家禽一样，自由出入门里门外，也有可能是替代家禽的

① 阮元校刻：《十三经注疏》，中华书局1980年版，第1379页。

图4 绥德汉墓家禽家畜

图 5　绥德汉墓鹳鸟鹿

图 6　嘉祥武氏祠左石室大雁

贽礼。因为持贽礼，就是拿着一只大雁去拜访。以雁为礼品，说明大雁已经像鸡鸭一样家养了。

  让家禽家畜进入庖厨场地，说明的是肉食来源的稳定和充足。如四川省成都市郊曾家包汉墓后室后壁上，家禽有鸡、鹅和大雁，家畜有猪和狗，面前的庖厨暗示了这些家禽家畜的结局（图7）。山东省济南市长清区孝堂山祠堂庖厨场地中，除了大雁和鸡外，家畜有牛羊猪狗，梁上悬挂着像腊肉一样的是鱼和兔。其中牛羊猪是属于"太牢"的肉食，鱼和兔是野味，狗则是地方饮食习惯的肉食（图8）。江苏省徐州市铜山区汉王镇东沿村小祠堂庖厨场地，有鸡有狗，还有一只被捆住了四肢的小鹿，梁上悬挂的则有猪腿和鱼（图9）。山东省嘉

图7　成都曾家包汉墓家禽家畜

图 8　济南市长清区孝堂山祠堂家禽家畜

图 9　铜山东沿村小祠堂家禽家畜

祥县南武山小祠堂庖厨图，肉食是鸡、兔、猪、鱼、狗，正在宰杀的是鱼和狗，梁上挂着的是鸡、兔、鱼和猪头、猪腿（图10）。嘉祥宋山小祠堂正在宰杀的也是鱼和狗，梁上挂着的是鸡兔鱼和猪头、猪肉、猪腿（图11）。嘉祥地近江苏省的沛县，沛县是刘邦的故乡，他的连襟樊哙，在追随刘邦造反之前，就曾"以屠狗为事"[①]，是专门杀狗的屠户。唐人张守

① 《史记·樊哙列传》，中华书局1959年版，第2651页。

图10　嘉祥南武山小祠堂肉食

图11　嘉祥宋山小祠堂肉食

节在解释樊哙这一职业时说，当时当地的人吃狗肉和其他地方吃猪肉羊肉一样。河南省新密市打虎亭汉墓1号墓，东耳室北壁东幅庖厨图中，三位厨师正在加工的肉食是鸡、鱼和肉串，其中一位厨师正在给宰杀的鸡褪毛，旁边还有已经宰杀的5只鸡和一笼活鸡（图12）。鸡的数量众多，说明在东汉时期，鸡已是当地家庭最主要的肉食来源。

鸡鸭鹅狗猪，可以在庭院放养，是稳定的畜养肉食来源。但马牛羊则需更大的野外空间。陕北临近游牧地区，有放养的习惯和方式。如1977年绥德出土的一块墓门门楣右端下层，刻画的是牧牛场景，一个执杖老人，心满意足地瞅着面前的

图12　新密市打虎亭汉墓肉食（线图）

一群牛（图13），牛的前头还有马群、羊群（图14）。1974年绥德征集的一块墓门门楣画像石上，牛马羊群源源不断地从左右两端向中间的楼堂走来，像是来宾带着的礼物（图15）。其间，奔跑的狐狸和鹿以及飞翔的鸟，说明这些马牛羊都是在野外放养的。绥德王德元墓室横额放牧的也是牛羊，牛前羊后，放牧者骑马殿后，牛群的身边也有奔跑着的狐、鹿，飞翔着的大鸟，牛群前头还有

图 13　绥德汉墓牧牛

图 14　绥德汉墓牛马羊

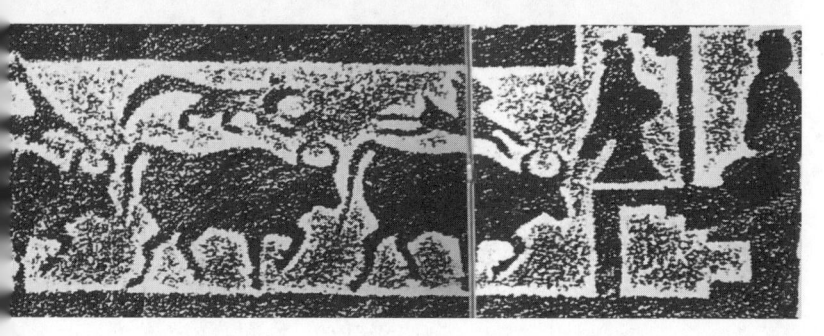

图 15　绥德汉墓马牛羊

小牛，这表明放牧也是获取肉食的稳定来源。至于放牧者怀里抱着的弓箭，则说明在防止猛兽的同时，也有狩猎的可能（图16）。1975年绥德出土的一块画像石上，向中间楼堂集中的除了羊外，还有鹿、野猪、鹳鸟和鸡，其中还有一只正在架子上烧烤的羊。这是目前所见时代最早的烤全羊（图17）。

图16　绥德王德元墓牧牛羊

图17　绥德汉墓烤全羊

03
野　味

除了家养的畜禽外，汉画像石更倾情于野味的刻画。获取野味的方式是渔猎，渔猎就是在陆地上狩猎，在水中捕捞，还有空中的弋射。陆地猎获对象，常见的是鹿、兔、野猪，也有虎、熊等猛兽。水中的捕捞则主要是淡水鱼。弋射的飞鸟是大雁。

和鹿、鸟相比，野兔的获取更容易一些，因此兔肉就成了常见的佐餐肉食。如《后汉书·冯异传》中，刘秀称帝前征战河北时，饥寒交迫，随从冯异进豆粥和"麦饭兔肩"[1]，为刘秀和将士充饥御寒。兔肩就是兔子的前腿，豆麦则是粗粮。处境窘迫之下，只能让刘秀吃这些。

山东省微山县微山岛沟南石椁的一幅狩猎图中，被猎人和猎犬追逐的是鹿、兔、野猪和野鸡（图1）。河南省南阳市宛

[1]《后汉书·冯异传》，中华书局1965年版，第641页。

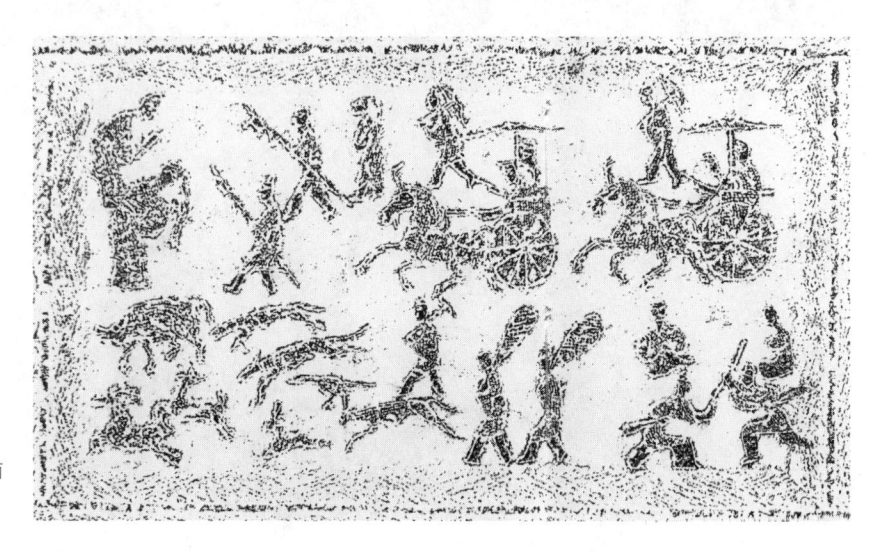

图1　微山沟南石椁狩猎

城区英庄汉墓山中狩猎，被追捕的对象也是鹿、兔，狩猎的工具有箭有竿，竿是捕捉活物的，其一射一捕，是既要活物也要死物（图2）。南阳市卧龙区王庄汉墓的狩猎只用猎犬，而且采取的是围猎的方式，捕捉的对象也是鹿和兔（图3）。王庄汉墓另一种狩猎方式是围堵，在猎犬将鹿、兔赶进伏击圈后，有猎手弯弓以待（图4）。南阳市卧龙区草店汉墓狩猎，在捕捉

图 2　南阳市宛城区英庄汉墓狩猎

图 3　南阳市卧龙区王庄汉墓狩猎

图 4　南阳市卧龙区王庄汉墓狩猎

鹿、兔的同时，还敢于猎虎（图5）。山东省枣庄市山亭区桑村镇西户口，一座小祠堂的狩猎图，猎手们已经满载而归，却还要弯弓指向一只咆哮的老虎。这可能是因为与虎争食，惹怒了山林之王（图6）。河南省邓州长冢店汉墓狩猎画像，则不但猎虎还猎熊。狩猎对象升级到了熊、虎等猛兽，显示的不仅仅是野味种类的增加，还应该有无敌的意图（图7）。陕西省

图5　南阳市卧龙区草店汉墓狩猎

图6　枣庄市山亭区西户口小祠堂狩猎

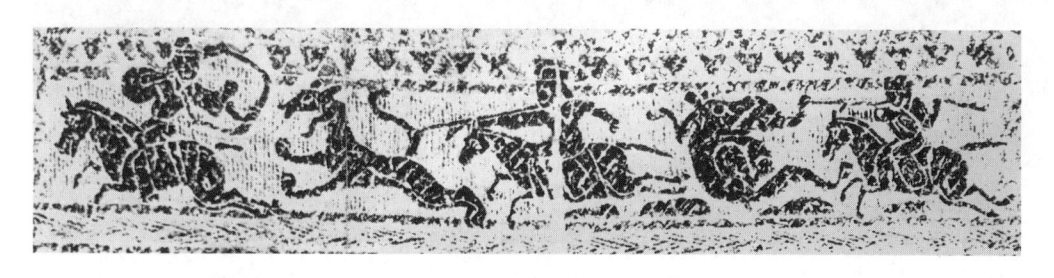

图7　邓州长冢店汉墓狩猎

绥德王德元墓室横额左端的狩猎图中，猎手们在围猎鹿、兔的同时，还惊起了一只狐狸（图8）。绥德四十里铺一座墓门门楣右端的狩猎图，猎手骑马弯弓围猎追逐的同样是鹿和兔（图9）。神木大保当汉墓一块门楣上的狩猎，除了鹿、兔外，还有老虎和狐狸，其中一只猎鹰也逮住了一只野兔（图10）。大保当另一块门楣上，骑马弯弓的猎手追逐的是一头野猪，野猪虽然身中一箭，却仍然在死命逃窜（图11）。山东省嘉祥县纸坊镇敬老院小祠堂狩猎图中，猎手们在围猎鹿兔的同时，还让一只中箭的小鹿冲出了包围圈（图12）。兰陵县向城镇前

图8　绥德王德元墓狩猎

图9　绥德四十里铺汉墓狩猎

图 10　神木大保当汉墓狩猎

图 11　神木大保当汉墓狩猎

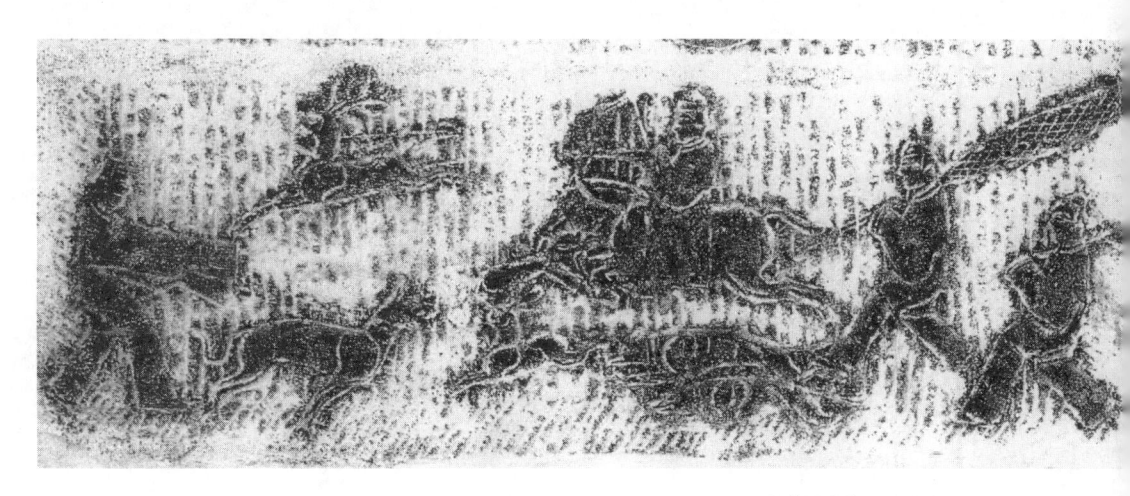

图 12　嘉祥纸坊镇敬老院小祠堂狩猎

姚村汉墓狩猎图中，猎取的对象不但有鹿有兔，还有野鸡，其中一只野兔已经被猎手提在手中（图13）。济南市长清区孝堂山祠堂西壁狩猎图中，猎取的对象有鹿有兔有野鸡、野羊，还有两只老虎。野鸡的猎取方式是网，但这里的网却是用箭的方式射出去的（图14）。费县垛庄镇刘家疃汉墓狩猎图，除了极少用弓箭获取外，众多猎手都是手执猎取活物的竿，而且狩猎的车上还满载着备用的竿。众多

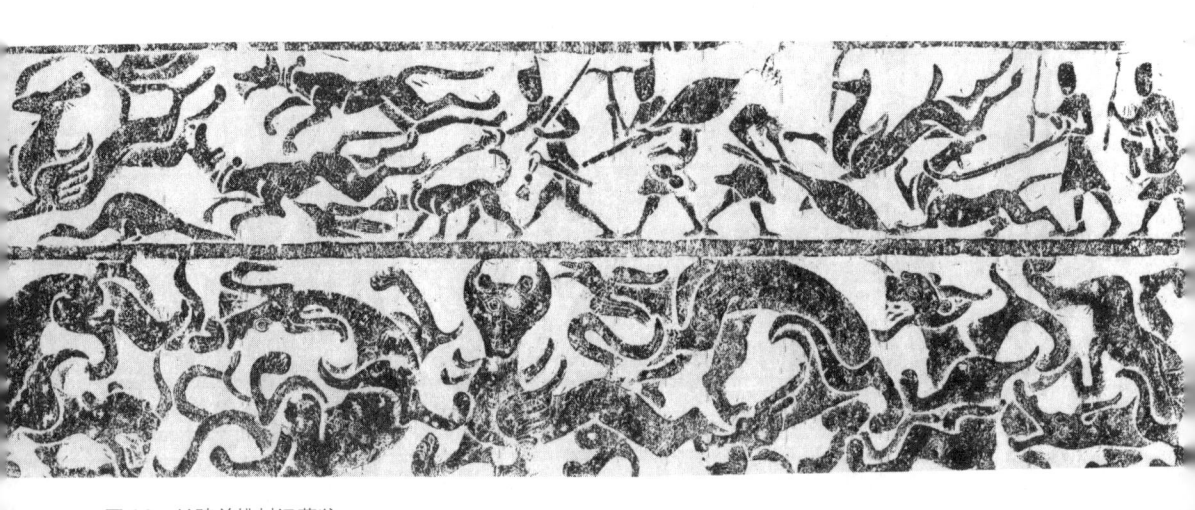

图13　兰陵前姚村汉墓狩

图14　济南市长清区孝堂山祠堂狩猎

的竿，说明狩猎的目标是活物（图15）。微山县两城镇一块画像石，上层狩猎阵营中，猎手们架着鹰，赶着狗，猎捕着鹿和兔，而众多猎人手中的捕猎工具也是竿。竿虽然是猎取活物的工具，但其狩猎的对象都是小型动物。活物犹如家禽家畜，是肉食的储备，捕猎后再家养，可以像鸡鸭猪狗一样随时食用（图16）。

图15　费县刘家疃汉墓狩猎

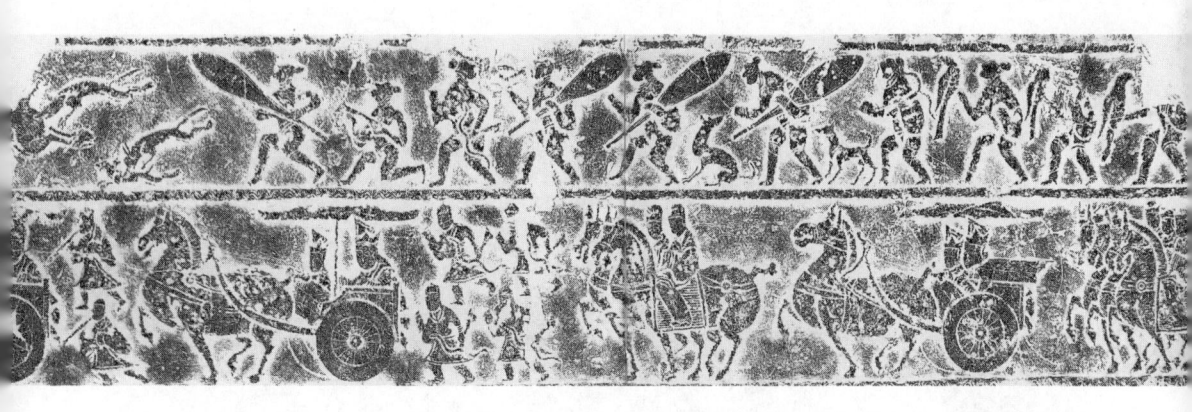

图16　微山两城镇狩猎

　　画像石中的庖厨图，往往都有加工好了挂在梁上的肉食，其中常见的野味是兔子、野鸡和鱼。临沂市吴白庄汉墓房梁上挂着的除了猪腿、猪头和鱼外，还有两只鸡，野鸡的特点就是尾巴长（图17）。济南市长清区孝堂山祠堂梁上的肉食虽然很少，只有鱼和兔，但这两种肉食却都是野外获得的，而且还是水陆兼备（图18）。

狩猎图告诉人们的是，汉代的野味主要是鹿和野兔，另外还有野羊、野猪、野鸡。至于虎、熊等大型猛兽，有时候也出现在被狩猎的对象之中，则可能是为了显示狩猎的威力而已。

图17　临沂市吴白庄汉墓野鸡

图18　济南市长清区孝堂山祠堂野味

04

水　鲜

　　曹刿生活的春秋时期，肉食是有身份地位的标识。到了战国时期，食有鱼成为从政的一个等级。这句话出自孟尝君的食客冯驩的牢骚，孟尝君封地在薛，就是现在的山东省鲁南地区的滕州，这个地方著名的河流有薛河、泗水，有着丰富的淡水鱼资源。但是，身为孟尝君的食客，冯驩一开始却并没有享受到食有鱼的待遇。

　　汉画像石中，除了狩猎的图像外，获取水族也是喜闻乐见的题材。水族之中，有鱼有鳖，最多的是鱼。鱼的获取方式有垂钓，有叉，也有用网捕捞的。如山东省滕州市马王村石椁，水中一座凉亭，亭上垂钓者钓起了一条大鱼，水中还有两条在候补（图1）。滕州西古村小祠堂水榭之上，垂钓者已

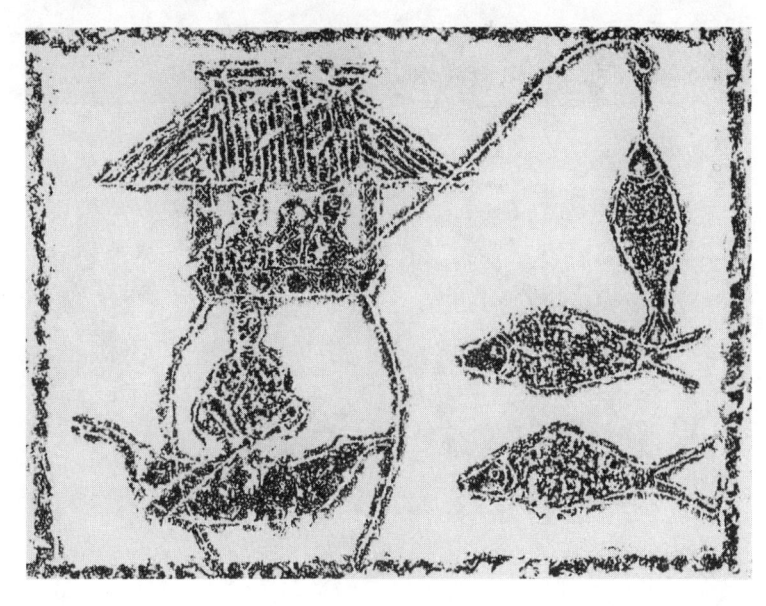

图1　滕州马王石椁垂钓

经将钓到的大鱼放在了身边,又将鱼钩抛向了水里,水中三条大鱼又同时上钩,旁边还有被钩住的一只鳖。近岸浅水中三人捉鱼,一人赤手空拳,两人用筐罩鱼,其中一人还将罩住的鱼从筐里取了出来,以此证明筐罩是可以捉到鱼的(图2)。微山县两城镇一块小祠堂画像石

图2 滕州西古村小祠堂捕鱼

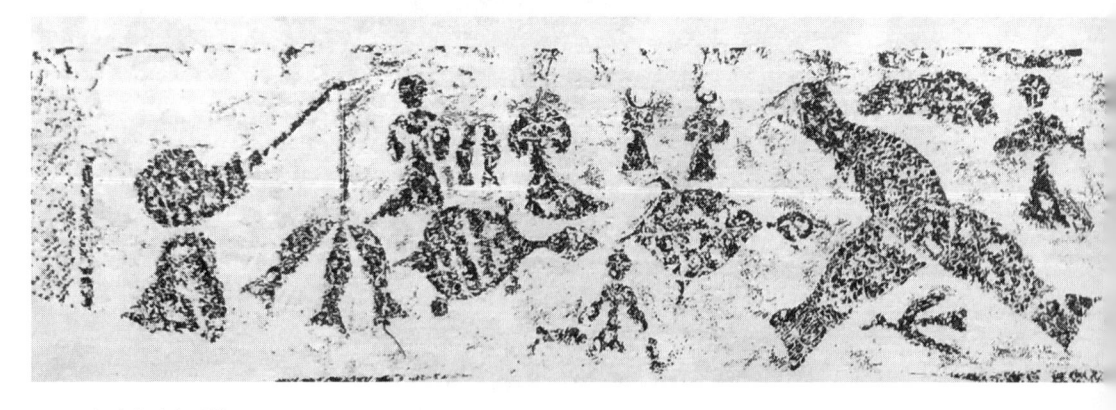

图4 邹城黄路屯垂钓

上，垂钓者也是一根鱼竿钓起了三条大鱼。另外还有三条大鱼头聚在一起，像是在争抢一个鱼饵（图3）。黄路屯另一块画像石上，垂钓者在一次钓着了三条大鱼后，水中还有众多鱼鳖，而且水中的大鱼还按"三"的方式排列组合，等待着被钓（图4）。除了垂钓和用筐扣鱼、罩鱼外，还有叉鱼和网

图3　微山两城镇小祠堂垂钓

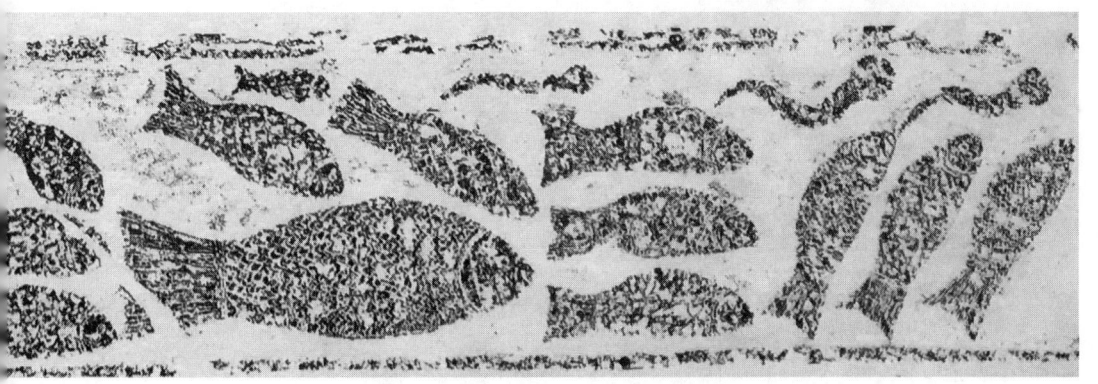

捕的。如微山两城镇一座小祠堂水榭边上，就有人在船上撒网，有人在水榭叉鱼（图5）。

桥下捕鱼，是画像石常见的构图方式。如沂南汉墓门楣，任凭桥上发生的胡汉战争多么激烈，桥下水中的渔夫依然心无旁骛地潜心捕鱼，其捕鱼方式有筐罩，有推网，也有手捉（图6）。河南省南阳市宛城区英庄汉墓，东门楣背面的池塘画像中，捕鱼者有用筐罩的，也有用网捞的。船头一人正在罩鱼，岸上两人则各举着一根杆子，下网捞鱼（图7）。

图5　微山两城镇小祠堂捕鱼

图 6　沂南汉墓捕鱼

图 7　南阳市宛城区英庄汉墓捕鱼

　　无论是水榭或凉亭垂钓，还是桥下、池塘捕鱼，收获多少，没有定数。最稳定的方式是养殖。如四川省成都市郊曾家包汉墓，在水田的旁边是两座相互通联的池塘，池塘里有鱼有鳖有荷花，还有一条闲置的小船。这里的池塘，很可能就是一座养鱼池。养鱼池让饲养鱼鳖有了稳定的收获，让主家随时可以吃到水鲜（图8）。

　　画像石所见，汉代的人们既想有鹿兔，也想有鱼鳖。于是在山东省济宁学院10号石椁侧板就有了陆地狩猎、水中捕鱼的画像共存。猎手们举着弩机拿着叉，驱赶着猎犬追逐鹿兔，桥下水中渔夫则在罩鱼（图9）。

图8 成都曾家包汉墓鱼塘

图9 济宁学院10号石椁渔猎

05
乳　食

汉代的北方地区，毗邻草原游牧民族，除了肉食外，也食用奶制品。如陕西横山孙家园子墓室横额上，就有挤奶的图像，所挤的有牛奶、羊奶和马奶。挤牛奶者身后还有一头牛正在犁地（图1），挤羊奶者面前则有人正拉着一只不肯就范的羊，羊的身边有三只小羊，证明这是一只母羊，所以不肯被挤奶，是因为自己有正在哺育的孩子。另外两只自愿前来的羊，说明的是乳源的源源不断。和性格温顺的牛羊不同，马在被挤奶的时候就不怎么驯服了，即便前头有人拽着马的缰绳，后边的挤奶者也还是挨了一马蹄，让身边的奶盆受到了冷落（图2）。

图1　横山孙家园子汉墓挤奶图

图2　横山孙家园子汉墓挤奶图

06
庖　厨

庖厨是饮食加工方式。画像石表现的庖厨活动主要有三项，一是饭食，二是酒食，三是肉食。饭食的方式是在灶上烧火蒸饭，酒食的方式是酿酒和备宴，肉食的方式则是屠宰、切割、腌制。

山东省微山县微山岛沟南出土的一块石椁侧板，左格内的庖厨有四项活动，左上是打水，一人用滑轮的方式从井里提水，其下是烧灶，还有火苗从灶塘里冲出，灶的旁边摆着蒸饭的甑。灶前三人，一人烧火，一人端盆，一人在灶前料理。三人身后是正在舂米的两人。画面右上方是肉食加工区，一人在案子上刮鱼鳞，梁上挂着猪腿，旁边有一位观看庖厨的执杖老人（图1）。滕州汉画像石馆藏一块石椁庖厨图，除了烧火、蒸饭、肉食处理外，还增加了备宴的活动，其中一人在摆盘，两人端着案子，案上摆着酒杯（图2）。梁山县前集乡郑垓村小祠堂的庖厨图中，四位厨师分担着四项活动：蒸饭、酿酒、切割、屠宰。灶上大口甑坐在釜上，灶前一人正在拿着竹管吹火，身后一人酿酒，一人切肉，还有人则将一头猪放翻捆绑，准备屠宰（图3）。四川省成都郫都区1号石棺，厨房里忙碌的三人，一人趴在地上吹火，一人在案前指挥，一人正准备出门取物（图4）。最简约的庖厨是江苏省睢宁县张圩征集的一块画像石，整个庖厨只有一人。灶上的甑里冒着蒸汽，墙上挂着处理好的肉食，灶前堆满了柴火，厨师则一手举着酒壶，一手执管，准备吹火（图5）。山东省微山县两城镇一座小祠堂画像石中，庖厨安排在大树的两边，左边是烧灶和酿酒，右边是肉食加工和打水，树上挂着猪腿（图6）。河南

图1 微山县微山岛沟南石椁庖厨

图2 滕州汉画像石馆庖厨

图 3　梁山郑垓村小祠堂庖厨

图 4　郫都区 1 号石棺庖厨

图5 睢宁张圩画像石庖厨

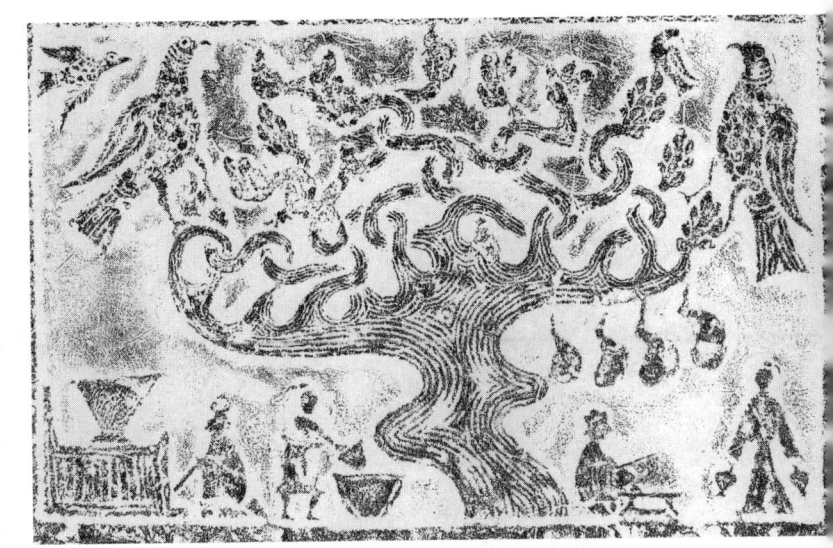

图6 微山两城镇小祠堂庖厨

省南阳市宛城区英庄汉墓，主室隔墙中柱北侧，庖厨图也只有两位厨师在忙碌，一人切肉，一人看灶。灶上炖着两只釜，没有甑，这说明釜里炖着的是肉和鱼。切肉、炖肉和梁上挂着的猪腿，说明肉食的重要性（图7）。

太牢是古代祭祀的最高规格。太牢就是大牢，就是用牛羊猪三种体形较大的家畜作为三牲。因此，画像石中杀牛、宰羊、屠猪的表现，是太牢的象征。如山东省邹城师范学校出土的一块画像石上，就有一人一手牵牛，一手举着锤头，准备椎牛。旁边的厨师则在烧灶、酿酒、搬运和切割，梁上照例挂着猪头、猪腿和鱼、兔（图8）。济南市长清区孝堂山祠堂东壁庖厨图，一头牛已经被宰杀，一头猪也被捆住了四肢，还有一只被强行牵来的羊，一只被棒杀的狗。此外，还有散养着的鸡鸭鹅和已经处理好挂在梁上的鱼兔。忙碌的厨师们在烧灶、打水、酿

酒、切割。在这里，太牢之外，还增加了杀狗，家畜肉食种类齐全（图9）。沂南汉墓中室南壁横额东段的庖厨图，被牵来准备用锤子椎杀的牛面前还放着一个大盆，大盆是用来接牛血的。其后的庖丁正在剥羊，其前两人抬来了一头猪，牛羊猪太牢齐全。另外，案子上有处理成肉干的鱼，帷幕后有两位将肉切成碎块的庖丁。灶上大甑里蒸着的是米饭，灶前有人趴在地上吹火，旁边酿酒师忙着酿酒，周边摆着壶、缸、瓮、榼和茧形壶，叠案上整齐排列的是耳杯（图10）。嘉祥县武

图7　南阳市宛城区英庄汉墓庖厨

图8　邹城师范学校画像石庖厨

图9 济南市长清区孝堂山祠堂庖厨

图10 沂南汉墓庖厨

氏祠前石室东壁下石，因为左端残损，清晰部分可见的是椎牛、剥猪和杀狗，一头猪被放在大盆里褪毛，狗则挂在桔槔上，另外还有两人在褪鸡毛（图11）。河南省新密市打虎亭汉墓1号墓，东耳室东壁庖厨图，一位厨师在一口大锅旁边搅动着正在煮的肉块，其身后两个架子上挂着切割的肉食，地上还摆着一颗牛头。牛头表明这里的肉食也是太牢级别（图12）。

只有猪和羊的肉食标准是少牢。少牢就是猪和羊，没有牛。如嘉祥纸坊镇敬老院小祠堂中的庖厨，除了一头被捆翻的

图11　嘉祥武氏祠前石室庖厨

图12　新密市打虎亭1号汉墓庖厨（线图）

猪，还有一只被强行拽来的羊（图13）。纸坊镇敬老院另一座小祠堂的庖厨图中，两位庖丁，一个摁着羊头，一个在割羊腿。旁边还捆翻了一头猪。另外，还有一个庖丁正在切肉块，梁上挂着鸡、鱼、兔（图14）。临沂市吴白庄汉墓庖厨图，猪已被捆住抬起，羊被强拽着向厨房走去，房中梁上挂着猪头、猪腿、野鸡和鱼，一只狗正在井台边被剥，桔槔上还挂着狗的内脏（图15）。

图13　嘉祥纸坊镇敬老院小祠堂庖厨

图14　嘉祥纸坊镇敬老院小祠堂庖厨

图 15　临沂市吴白庄汉墓庖厨

滕州市岗头镇西古村庖厨图，梁上挂着的猪腿像腊肉一样，说明猪已经被宰杀，而强行牵来的羊，则正等待着和猪肉一起，凑成少牢的礼数。梁上挂着的鱼则是野味（图16）。嘉祥五老洼小祠堂庖厨图，肉食比较简单，只是猪和鱼。猪被捆翻，鱼已经挂在了梁上（图17）。四川宜宾石棺庖厨的肉食，除了猪和鱼外，还有一只鸭。梁上挂着的猪腿像腊肉，案子上正在处理的鱼则像鲟鱼（图18）。

图 16　滕州西古村汉墓庖厨

图 17　嘉祥五老洼小祠堂庖厨

图 18　宜宾石棺庖厨

牛羊猪狗被宰杀后的继续处理方式是分割、切割。如新密市打虎亭1号汉墓东耳室南壁东幅，4位庖丁一字排开在长案后，其身后梁上挂着的是分割的肉块、案子面前的几位厨师分别在煮在烧烤（图19）。东耳室北壁东幅画像，两位厨师，一在炉上烤肉串，一在俎上处理鱼。灶前还有一人在褪鸡毛，灶上的炊具则有煮有蒸（图20）。孝堂山祠堂肉被切成碎块的形式，表明这些碎肉是用来煮的，切得越

图19 新密市打虎亭1号汉墓庖厨（线图）

图20 新密市打虎亭1号汉墓庖厨（线图）

图 21　宿州墓山孜
2 号墓祠堂庖厨

图 22　铜山东沿村小祠堂庖厨

碎越容易煮，这种煮的肉食是肉糜（见前图9）。

画像石常见的肉食烹饪方式是烧烤。如安徽省宿州褚兰镇墓山孜2号墓，祠堂东壁庖厨图，肉食的烹饪只突出了烧烤，烧烤者还拿着便面扇风催火（图21）。江苏省徐州铜山区汉王镇东沿村小祠堂的烹饪方式，也只是选择了烧烤（图22）。陕西省绥德四十里铺墓门右立柱上

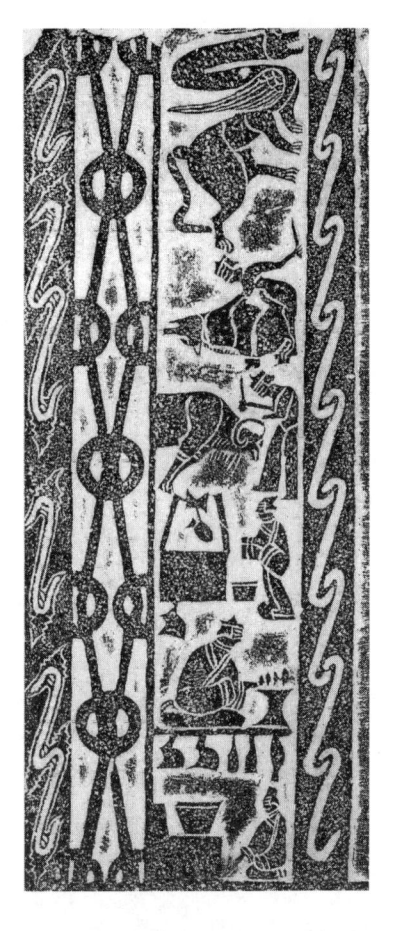

的庖厨，虽然猪羊鱼齐全，但其烹饪方式也只是蒸和烧烤。蒸的是饭，烧烤的是肉串（图23）。

烧烤虽然是古老的烹饪方式，但秦汉时却被认为是胡人的生活方式。如山东省济南市长清区孝堂山祠堂西壁，胡人一侧，就有两位胡人在烧烤，其后是胡王和向胡王禀报战争结果的胡人，胡王身后还特别线刻"胡王"两字以注明身份族群。胡王、胡人和烧烤图像表明，这种肉食的烹饪方式是游牧民族的专利（图24）。诸城市前凉台汉墓庖厨图中有椎牛、杀猪、宰羊场景，梁上挂着猪头、猪腿、鱼、兔、野鸡等，一位厨师在刮鱼鳞，三位厨师在切肉，还有三位在烤肉串。烤好的肉串还摆放在盘

图23 绥德四十里铺汉墓墓门立柱庖厨

图24 济南市长清区孝堂山祠堂胡人烧烤（线图，王欣绘）

子里（图25）。和寻常的煮和炖不同，烧烤在汉画像石中被特别表现，说明其在当时是一种时髦的烹饪方式。

图25 诸城前凉台汉墓烧烤
（原图、线图）

07
备　宴

备宴是庖厨和宴饮的过渡阶段，其形式就是将做好的酒食运送到宴席场地，其表现有运送、布席，还有虚左以待。如河南省南阳市宛城区英庄汉墓，主室隔墙中柱东侧，备宴图安排在一座两开间的厅堂里，堂内摆着盘子和酒杯，盘子在左侧，酒杯在右侧。堂前是两只提梁酒壶和一个三足酒食，壶食之外是叠案、圆盒和大碗。屋里屋外，全都是酒。厅堂门口树下还拴着一条狗，守护着宴席，静待宴饮主宾就座宴享（图1）。1957年南阳市区出土的一块画像石，上层是鼓舞，下层是宴席，席上一条大鱼摆在一个小盘上，头尾都超出盘外，旁边是两只耳杯，其上则是4只去掉羽、足的肥雁，再上还有一肉串。有鱼有肉有野味，还有美酒，如此盛宴，逝者还有何忧（图2）？江苏省徐州市贾汪区青山泉子房征集的一块食案上，三盘鱼被安置在穿璧纹装饰的食案上，静待主人分享（图3）。山东省滕州市官桥镇后掌大一块画像石上，在穿璧纹装饰的食案一侧，分别摆着两个耳杯和两盘鱼，耳杯居中，鱼盘位列左右，盘子里各摆着两条鱼。和南

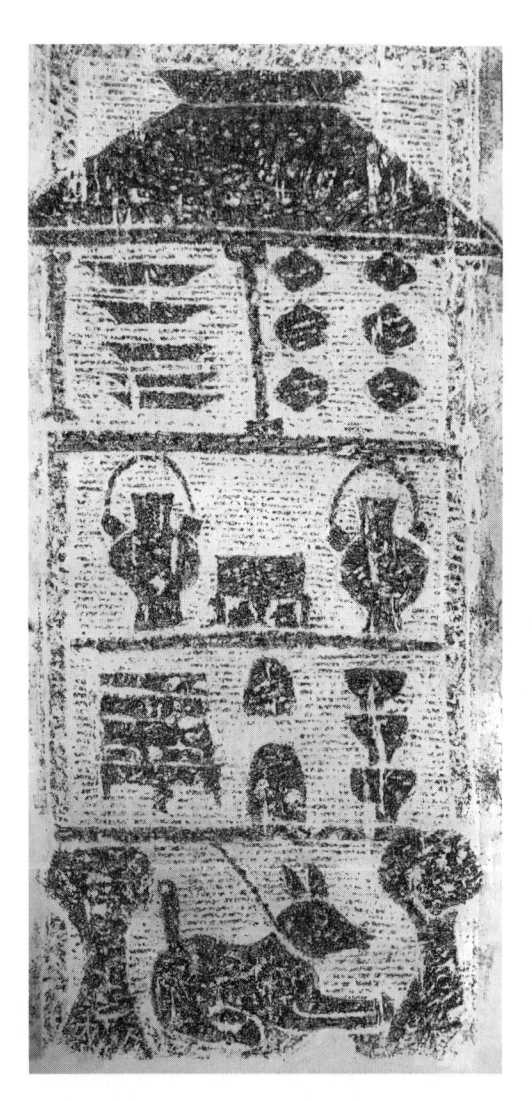

图1　南阳市宛城区英庄汉墓备宴

阳的区别，这里准备的只是鱼和酒（图4）。和江苏徐州毗邻的枣庄市台儿庄区邳庄村出土的一块画像石，两个鱼盘之间是一酒壶，盘中各摆着一条大鱼，壶中则插着三根筹码，这是汉代的投壶。宴席上摆着投壶，犹如今天的划拳猜枚一样，是为了赌酒助兴。可能是为了构图的对称处理，这里省略了酒具酒杯（图5）。食有鱼、有肉和壶中有酒，是古人梦寐以求的理想生活。而以投壶取代耳杯，则是将宴饮和游戏合二而一了。可见，在满足口腹之欲的宴饮之外，还有赌酒的投壶游戏。只摆上酒杯、鱼盘和投壶，而让宴饮的宾主不出席，是一种象征的表现手法。

图3 徐州市贾汪区青山泉子房画像石备宴

图2 南阳市区汉墓备宴

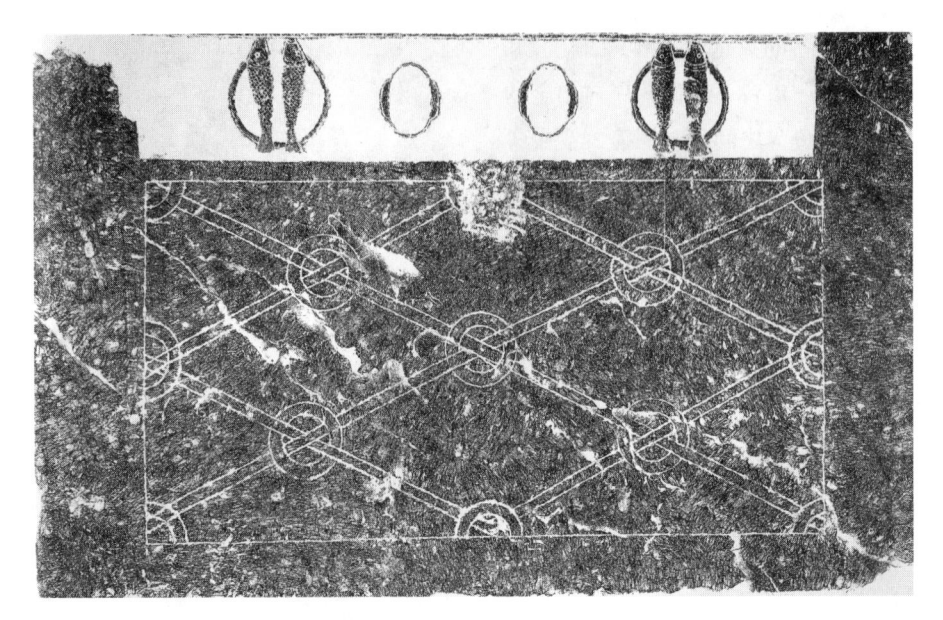

图 4　滕州后掌大备宴

图 5　枣庄市台儿庄区邳庄备宴

山东省沂南汉墓后室南侧隔墙西面武库之下，两位男仆一持便面，一捧盒，面前则是壶、奁、斛三种酒器，旁边已经点燃的高足豆灯，说明这里将要举行的是晚宴（图6）。后室南侧隔墙东面则是宴会厅，上格两案一盘，案上还摞着一案，盘则三层，案盘之上都有酒器酒具。下格三位女仆，一持镜台，一捧圆盒，一举幢，三人面前则是案、盘、奁及其摆设的酒具。女仆持幢，是以隆重的礼仪邀请主人赴宴（图7）。河南省南阳市宛城区十里铺汉墓，后室北壁西柱东，一高髻侍女捧奁提卣，正走在去宴会厅的路上（图8）。南阳市卧龙区七里园出土的侍女图，和十里铺如出一辙，也是一手捧奁，一

图6 沂南汉墓备宴　　　　　　　　图7 沂南汉墓备宴

手提卣。卣和壶一样，都是酒器，区别是卣小，带提梁，便于手提，壶则大，须捧或抬（图9）。南阳市卧龙区石桥汉墓的侍女装束如前，但只是双手捧奁，走向宴会场所（图10）。三块画像石，只是让侍女提着酒壶走在路上，省略了宴会场所，

图8　南阳市宛城区十里铺汉墓备宴

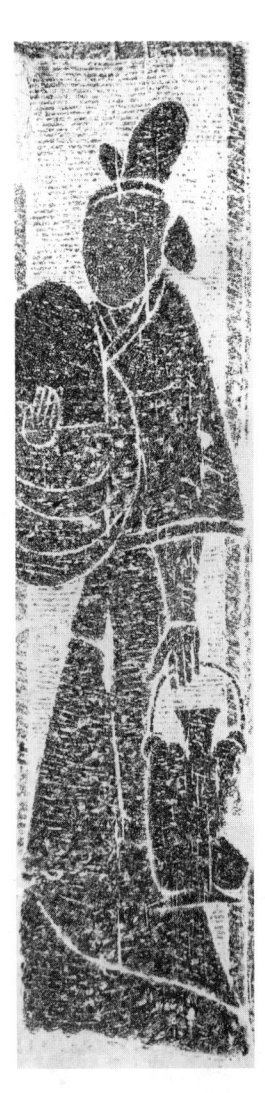

图9　南阳市卧龙区七里园汉墓备宴

图10　南阳市卧龙区石桥汉墓备宴

是因为竖石所限，也是一种让人回味的简约。

　　河南省新密市打虎亭1号汉墓备宴图有好几幅，其中东耳室西壁的画像中，摆着两张带足的几案和一张席子，几案和席子上摆放了酒器酒具，一位宴会管理人站在其间，可能是正在谋划着上酒的次序（图11）。东耳室甬道北壁画像，内外两个房间，其中一间是备酒处，一位侍女举着圆案正从房间走进宴会厅，宴会厅里摆着两个装满耳杯的圆案（图12）。酒类准备停当，接下来就是送往宴会场地。东耳室甬道南壁画像中8位侍女或端举着案盘，或捧、提、抬着酒具，在一个兴高采烈的孩子引导下向外走去，大人们之间还夹杂着一个前来帮忙的小姑娘，双手捧

图11　新密市打虎亭1号汉墓备宴（线图）

图12　新密市打虎亭1号汉墓备宴（线图）

着酒食（图13）。和前述只是准备酒类不同，东耳室北壁西幅画像，准备的有酒也有肉。其中长条高足案后，4位侍女有的拿着筷子，有的拿着勺子，正在摆盘装盘，案前地上还有4位女性在忙碌着调味、装盒。其前长席上，摆满了盘子。数不清的杯盘让8位侍女忙得不亦乐乎（图14）。四川新津崖墓墓门画像中的备宴，也没有刻画备宴的场地，而

图13 新密市打虎亭1号汉墓备宴（线图）

图14 新密市打虎亭1号汉墓宴（线图）

是让两位男性仆人手捧一长方形食案,匆匆忙忙走进宴会厅(图15)。两位捧案仆人的出现,说明的是饮食的充足,欢迎宴会早已准备停当,让墓主宽心无忧。山东省嘉祥县满硐镇宋山小祠堂一幅备宴图中,主宾二人正在兴高采烈地对弈,棋枰旁边摆着一个酒尊,尊里还有一把勺子,旁边是一只耳杯。左侧仆人捧着肉串,其身后女性则捧着带盖的筒形酒杯,右侧仆人面前放着一案一奁一耳杯,奁中也有一勺。仆人张开两手,像是在提醒博弈的主宾,酒和肉串全都准备齐全,就等着主人享用了(图16)。

图15 新津崖墓端案

图16 嘉祥满硐镇宋山小祠堂备宴

08

宴　饮

　　紧接着庖厨的生活就是宴饮。既然安排了丰盛的鸡鸭鱼肉和饭食、酒水，当然也不能让其闲置一旁，让他人垂涎。所以，宴饮作为必不可少的阴间生活，当然也要显摆一下。这宴饮既有家宴，夫妇共享，也有和客人的对酌酬答。家宴说明逝者依然可享受美满生活，让世间的儿孙们放心安心，酬宾则是面子和荣耀，宾客上门，对坐举酒，佳肴共享，使阴间的日子过得有滋有味。

　　山东省嘉祥县宋山小祠堂画像石上的宴饮图，对饮者之间放着一带三矮足的奁，奁中有一舀酒的勺，旁边是两个耳杯，宴饮只有酒没有菜（图1）。嘉祥南店子小祠堂画像中的宴饮像是家宴，男女主人对坐，男右女左，两人之间方形案上放着两只碗形酒尊和一只耳杯，女性端着另一只耳杯递给男性，男性则伸手欲接。女性给男性端酒杯的举动引起了男性

图1　嘉祥满硐镇宋山小祠堂宴饮

身后的侍者和来宾的议论，这应该是家庭宴会的礼数，是举案齐眉的象征。家宴也是有酒无菜（图2）。嘉祥武氏祠前石室有两幅宴饮图，一幅在东壁下石，一幅在后壁小龛。其中后壁小龛东侧的宴饮同样安排在楼上，楼下是庖厨。同样是宴饮，还男女有别，二层男性，三层女性。楼下既有厨师在忙碌着烧火做饭，有人从梁上取鱼，也有川流不息的仆从将酒菜往楼上递送（图3）。东壁下石参加

图2　嘉祥南店子小祠堂宴饮

图3　嘉祥武氏祠前石室宴饮

宴饮的五人，左右相对，中间是盘、案、酒食，圆案中摆着耳杯。宴饮者则不仅仅享受着美酒佳肴，而且还有博弈在侧，歌舞在旁，宴饮的内容也越来越丰富（图4）。莒县东莞石阙宴

图4　嘉祥武氏祠前石室宴饮

饮在两位年长的宾主之间举行，两位老人各自坐在带花纹的席子上，面前小圆案上是一只耳杯，中间仆人正在为右侧老人添酒，老人面前盘中放着肉串，看来肉串是酒肴，可以边喝酒边吃烧烤（图5）。沂水韩家曲汉墓半圆形门楣上，宴饮被安排在中心位置，主人位右，来宾居左，来宾捧着手板俯首拜谒。主宾之间摆着酒尊、圆案和耳杯，圆案上摆着九只大小不一的耳杯。主宾前后左右是乐舞杂技，在左端弹瑟的乐人旁边，也有一摆着耳杯的圆案。可见，有客拜谒，主人置酒以待，乐舞演出，同样也有美酒享受。由此可见，观赏乐舞时的宴饮是只上酒不上菜的（图6）。临沂吴白庄汉墓的一场宴饮被安排在一棵大树旁边，右侧主人坐在榻上，面前是圆案、耳杯和三足酒食，左侧来宾手里举着火把，表明这里即将举行的是一场夜宴（图7）。吴白庄汉墓的另一幅宴饮图安排在一块横额上，主人位左，面前摆着方案、圆案，圆案中酒篚里有一把勺子，方案上则是8只耳杯，旁边盘里盛着满满的丸状食物，还点着一盏油灯，前来拜访的宾客则排成长队，

图 5 莒县东莞石阙宴饮

图 6 沂水韩家曲汉墓宴饮

图 7 临沂吴白庄汉墓宴饮

左右膝行（图8）。从来宾卑躬屈膝的样子看，这里的夜宴其实是主人独自享受，没有来宾的份儿。诸城市前凉台汉墓宴会是庆功宴，一群俘虏的四周，围坐着众多官员，官员面前摆着圆案、酒杯、酒盉，每只圆案上有5只酒杯。面对正在处以髡刑的战俘，无不额手相庆，画面下部则是载歌载舞的歌舞表演（图9）。和国家行为的献俘、髡刑庆功宴不同，众多画像石表现的还是家宴。

图8 临沂吴白庄汉墓宴饮

图9 诸城前凉台汉墓庆功宴（线图）

山东地区汉画像石表现的宴饮，除了关起门来自斟自饮，也有夫妇、宾主对饮的；除了吃酒，还有和博弈、观赏歌舞共处的；除了室内，也有野外席地而坐吃酒娱乐的；除了厅堂会客，还有饮上高楼，让属下、仆从抬着酒食上楼伺候的，等等。如果观者还不能理解画面意图，就在对饮者之间加上酒器酒具，甚至还要加上斟酒的仆从，加上楼下或旁边的庖厨图像，等等。如此不厌其烦地罗列，其实就是要营造一个宴饮的实在，营造一个乐而忘忧、忘我的他界幸福生活。

江苏省徐州市毗邻山东，宴饮方式有诸多相似之处。如徐州铜山区汉王镇东沿村东汉元和三年（86）小祠堂的女性宴饮图，对饮的来宾特别认真地将酒奁中的酒用勺舀出，斟给位居右侧的女主人，女主人身后则是弹瑟歌舞的乐人（图10）。铜山台上征集的一块小祠堂画像石，对饮者之间除了案上的酒奁、旁边的耳杯外，还有一盘博具及筹码，一老一少两位

图10　铜山东沿村小祠堂宴饮

对饮者似乎还沉浸在博弈的快乐中不能自拔（图11）。徐州市洪楼汉墓祠堂后壁的宴饮因为来宾甚多，酒席安排在宽敞的大堂之中，主人凭几居右，三位来宾位左，宾主之间是酒具、食案，酒奁中放着一把勺子（图12）。洪楼汉墓祠堂前立柱宴饮图安排在底层，对饮者四人分列左右，宾主之间摆着方、圆两个案子，方案上放着带勺子的酒奁，圆案

图11 铜山台上小祠堂宴饮

图12 徐州洪楼汉墓祠堂宴饮

图13 徐州洪楼汉墓祠堂宴饮

图14 睢宁墓山2号墓宴饮

上是两只耳杯（图13）。睢宁墓山2号墓前室厅堂内的宴饮也是家宴，男女主人对坐在带花纹的席子上，男右女左，中间是一酒尊、酒杯，男性面前还有一圆案，女性举杯，男性执便面。门外左侧一人担着、提着三只提梁酒壶缓缓走来，右侧来人则一手执便面，一手提着两条鱼。食有鱼，饮有酒，夫妇还相敬如宾，过的真是好日子（图14）！睢宁张圩征集的一块画像石，宴饮安排在厅堂之中，对饮者坐在榻上，中间也只有酒奁，没有酒杯。门外左侧放着一只提梁酒壶，一仆人手举便面。门外右侧还有三位跪拜者和一马夫牵着的

一匹鞍马（图15）。睢宁郭山征集的一块画像石，宴饮同样是在厅堂之内，门外则拴着一匹鞍马，还有一位侍者。两位对饮者之间只是一个带着勺子的酒奁，连耳杯都没有。如此看来，画像石中的吃酒其实不过是一种形式、一个象征而已（图16）。

徐州地区汉墓的宴饮图，以二人对饮者为多，酒具主要是带勺子的酒奁和方形带提梁的酒壶，简约的表现形式就是一壶二杯，但也有省略耳杯的形式。宴饮的菜肴是鱼。

安徽灵璧九顶镇汉墓宴饮图也是家宴，女性位右，男性居左，男女之间除了带勺子的酒奁、耳杯外，还有一盘丸状的食物，或许是鱼丸和肉丸（图17）。安徽汉墓为数不多的宴饮，都是家宴，而且位居主位的有男有女，并不固定，这可能与逝者的性别有关。

图15　睢宁张圩画像石宴饮

图 16 睢宁郭山画像石宴饮

图 17 灵璧九顶镇汉墓宴饮

浙江省海宁市长安镇海宁中学汉墓宴饮图，位于前室西壁南侧，上下两幅，对饮者都坐在席子上，上图主人居左，独占一席，来宾位右，两人一席，宾主之间是方案、圆案，其上或置酒尊，或放酒杯。下图主人位于右侧席上，面前案上放着三只耳杯。因为画面之下是祭台，所以画像上只有酒具没有佳肴，真实的食物则摆放在祭台上（图18）。

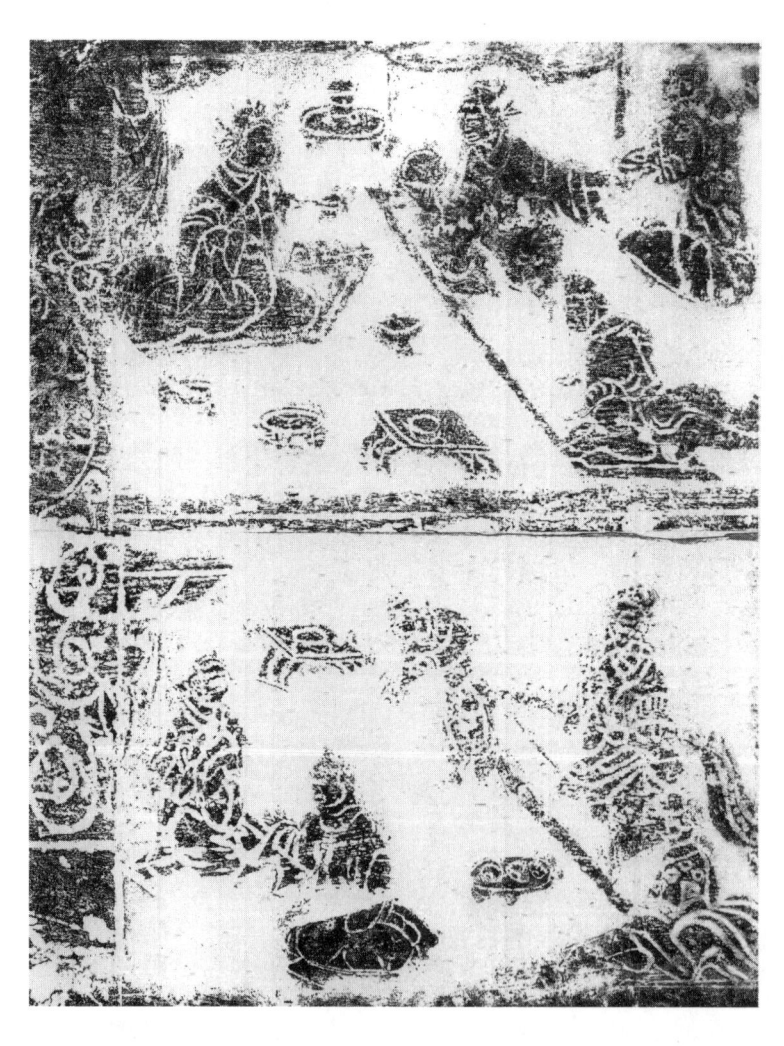

图18　海宁市海宁中学汉墓宴饮

河南省南阳市卧龙区沙岗店汉墓宴饮图，两位对饮者之间摆着一圆案，案上放着5只耳杯，坐在右侧的主人手举耳杯，向对面拱手跪拜者发出了邀请，来宾身后侍从还躬身捧着圆案侍候（图19）。沙岗店汉墓另一幅宴饮图，是以投壶的方式进行的，对饮者之间一壶一奁，奁中一勺，壶中已有两根筹码。对饮者一手抱着筹码，一手举着一根在投（图20）。新密市打虎亭1号汉墓北耳室西壁北幅，宴饮画

图19 南阳市卧龙区沙岗店汉墓宴饮

图20 南阳市卧龙区沙岗店汉墓投壶宴饮

像主宾是女性，身后有屏风的女性面前是一长条几案，案上圆案内全是酒杯，旁边还有人端着盘子捧着杯。面前还有女仆在从三足奁中往杯子里舀酒。看来，即便是女性，宴席上也全是酒（图21）。

图21 新密市打虎亭
1号汉墓宴饮（线图）

河南画像石中的宴饮，有和游艺结合的，也有不结合的，还有只在歌舞场地陈放酒具象征的。

四川省成都市羊子山汉墓宴饮是和歌舞杂技表演在一起的。主宾分席而坐，男女主人位居右侧单坐一席，男在前，女在左侧后，来宾则位于男主人的左侧，分坐两席，席前各有几案，主人案前还摆着酒食，围屏之后是庖厨，宾主面前则是杂技乐舞。这里的坐席排列，说明了当时宴饮以右为上的规矩（图22）。郫都区1号石棺的宴饮安排在楼下堂上，五位宾主并排坐在一长席上，主人居中，面前来宾好像在向主人

图22 成都羊子山
汉墓宴饮

解说着庭院中的乐舞杂技。宾主面前是圆案和大小酒尊，圆案内盛着耳杯，门阙左后侧是庖厨（图23）。泸州11号石棺宴饮图，对饮者之间圆案上，摆着酒杯，旁边仆人捧着酒尊，右侧男性还将酒杯端到主人面前，宾主亲密无间的距离像是很私密的一次小酌（图24）。有名有姓的宴饮出现在新津崖墓，

图23　郫都区1号石棺宴饮

图24　泸州11号石棺宴饮

墓门上并排坐在一起的两位人物都有榜题，右侧人物右上方榜题"南常赵买字未定"，左侧人物右上方榜题"贤儒赵椽字元公"，二人面前是酒尊和圆案（图25）。

四川画像石中的宴饮，首先是坐席的安排，其次是实名制。坐席让人了解东汉时期右为上、男尊女卑的等级规矩，实名则让宴饮图与逝者密切联系。

陕西绥德四十里铺汉墓墓门右立柱，六组对坐的人物中，顶部两组人物和宴饮有关，上面第一层二人之间放着酒奁，第二层正在计较输赢的对弈者棋局旁边也有一只酒奁，有趣的是第一层二人还手拉着手。这很可能是和投壶一样的赌酒形式——猜枚（图26）。神木大保当汉墓墓门右立柱上三组人物，中间对坐者面前是三足酒奁，奁中还放着一把勺子，其

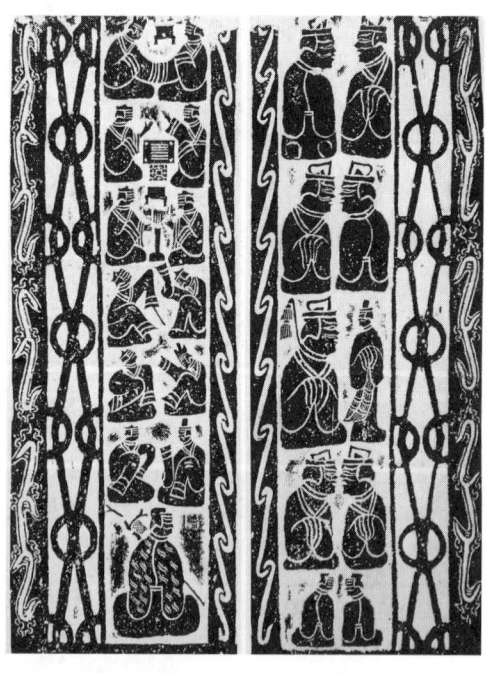

图25 新津崖墓墓门宴饮　　图26 绥德四十里铺汉墓宴饮

下是歌舞表演，其上人物也甩出长袖（图27）。可能是受建筑形制限制，陕西画像石中的宴饮图只能用酒奁替代，没有耳杯，也没有食案，更没有侍者。但即便是罕见的几幅宴饮画像，也依然要有乐舞助兴。这应该是汉代流行的宴饮形式和风俗。

汉画像石所见宴饮方式，多是两人对饮，其形式是二人之间放一酒奁，奁上放着一个勺子，酒从勺子里舀到耳杯，举杯敬酒。体面的人家，还有仆人专门舀酒。人多的酒场，则都是分餐制，各自面前一案一酒。郫都区1号石棺侧板大厅里，五位饮酒者一字排开，坐在长席上，面前放着圆案、酒盆、酒碗。海宁中学汉墓的宴饮画像，宴饮者面前的圆案和方案还带足，这是江南的形式。宴饮的座次，也有讲究。如成都羊子山汉墓宴饮图，主人坐在宴席的一头，单独一席，客人则联席在主人的左右两侧。主人的对面是乐队和演出空间。宾主坐席高低，也有讲究，典型的记载就是鸿门宴。司马迁在《史记》中描述鸿门宴的时候，特别点明了参加宴会者的位置朝向。《项羽本纪》载，刘邦到鸿门见项羽时，项羽"留沛公（刘邦）与饮，项王、项伯东向

图27　神木大保当汉墓右立柱宴饮

坐，亚父南向坐。亚父者，范增也。沛公北向坐，张良西向侍"①。这里的坐席朝向，是根据战国秦汉时期右为上的原则安排的，是羞辱刘邦的座次设计。按照常规，项羽留刘邦宴饮，项是主人，刘是客人，项羽应该坐在北边南向，刘邦坐在西边东向。但项羽却让他的谋士范增充当了宴会的主人，自己做主宾。因为项伯是项羽的叔父，所以项羽让项伯和自己坐在一起。项羽的宴席，主人占据了北、西两个位置，刘邦只能被安排在面北的南边，而张良作为刘邦的谋士和随从，则只有侍从的位置，坐在东边。接下来，当项庄舞剑意在沛公的危急时刻，樊哙闯进宴会厅，也是"西向立"，怒目项羽。至此，秦汉时期一个完整的座次位置被司马迁活灵活现地记录下来。

① 《史记·项羽本纪》，中华书局1959年版，第312页。

图28 铜山画像石博弈宴饮

画像石所见，宴会上摆着的都是酒器酒具，何以如此？是因为汉代是重本抑末的时代，国家的基本国策是农业，是粮食生产，是吃饭。而酒是粮食酿造的，是粮食的精华，所以，吃酒、待客以酒，就是最高规格的待遇。

但是，画像石在表现酒的同时，也有下酒的菜肴，那就是肉串或鱼。如江苏省徐州铜山区征集的一块画像石上，两位仆人往楼上送的有酒也有肉，肉就是肉串，肉串由一位仆人举着，其中一个叉子叉着两串肉串的形式，至今犹在（图28）。肉串之所以能登大雅之堂，是因为系舶来品，因为烧烤是游牧民族的肉食方式，是时尚、时髦。另外有可能因为肉串制作方便、携带、传送方便，食用方便。还有，肉串像药丸，吃一串烤肉串，犹如吃了一串仙药丸，可以长命百岁。所以肉串就成了喜闻乐见的下酒菜。

09
酿　酒

　　画像石中的酒，是粮食酒。如四川省成都市郊曾家包汉墓，在排列的酒缸旁边，有人赶着一辆满载口袋的牛车前来，车上的口袋装着的应该是酿酒的粮食。这种酿酒的方式是将粮食储藏在大缸里发酵，发酵时还要盖上缸盖。一位酿酒师拿着勺子，站在掀开缸盖的酒缸旁，像是要品尝酒的生熟。画像表现的酒是粮食酿造的，酿造的方式是发酵（图1）。

图1　成都曾家包汉墓酿酒

　　河南省新密市打虎亭汉墓1号墓，东耳室南壁西幅酿酒画像，表现的是酿酒的工艺流程。画面下层7个人围绕着两口大缸在忙碌。画像从左端开始，先是两人在大缸边观察，接着是一人在一盘小磨旁边转磨，然后是另一只大缸，缸上还架着一块漏板，两个人正在过滤，旁边一人在搅拌，画面右端几上一方形大木箱，其上有杠杆，杠杆的一端坠着一石权，木箱一头有正在流淌着的酒，其下是接酒的罐。画像表现的流程是粮食先要浸泡，然后磨碎、过滤、搅拌，上箱挤压。画面中上部分全是盛酒的器皿，有在案子上的酒坛，案下的酒盆，成堆的酒壶，还有散置的酒夯、榼、茧型壶、碗、盆等。酒器的满布，说明酿造的酒多（图2）。山东省诸城市前凉台汉墓的酿酒流程，也是先搅拌，再揉搓过滤，然后将其架

图2　新密市打虎亭1号汉墓酿酒（线图）

在大盆上滴漏。酿酒的工匠身前身后也摆满了酒壶、酒瓮。为了表示酒的醇香，现场还有一位醉倒的人，有两位拿着勺子迫不及待想要先尝为快的人（图3）。临沂市吴白庄汉墓横梁上酿酒图，因为画面残缺，只保留了储存酒的瓮罐和品酒、偷酒的行为。两个放在架子上的酒瓮旁边，一个人正在转身品酒，屋檐上一只猴子也将手脚搭在酒瓮上，像是偷酒

图3　诸城前凉台汉墓酿酒（线图）

的样子。品酒和偷酒表现的是酒香（图4）。

　　嘉祥县武氏祠前石室，东壁下石下层右端酿酒画像，是最简约的表现形式。画面中两人在一个大盆前相对忙活的动作，就是在挤压、过滤（图5）。嘉祥五老洼小祠堂两位酿酒师还脱光了上身，在一个盆子上用力，盆子搁在架子上，架子下边是一只大盆。大盆是承接器皿，承接着被挤压出

图4　临沂市吴白庄汉墓品酒

图5　嘉祥武氏祠前石室酿酒

来的酒水（图6）。江苏睢宁张圩征集的一块画像石上，酒盆也搁在架子上，架子还上下两层，酿酒人前后还各有一盆，身后一人捧着的圆案上，摆着6只耳杯，其后一人正从井里打水，井水是酿酒源源不断的原料（图7）。山东省沂南汉墓酿酒者也是一人，两个酒盆放在长条案上，酿酒师正拿着搓衣板样的架子在一个盆子上揉搓，旁边摆着酒盆、酒缸、酒壶、酒瓮、酒榼和茧型壶，五层叠案上摆着几十只酒杯。众多类型的酒器酒具，表现的也可能是对酒

图6　嘉祥五老洼小祠堂酿酒

图 7 睢宁张圩画像石酿酒

需求的迫切（图8）。

　　以上画像可见，汉代的酿酒都是家庭作坊，或一人两人，或四五人。无论是人力挤压，还是重物加压，都是为了让酒过滤得快，早出酒。而吴白庄汉墓猴子偷酒，和前凉台汉墓在酿酒场地的醉酒人，说明的都是酒香。

图 8　沂南汉墓酿酒

Part 03

汉代的住居，建筑形式已经十分齐全。有城市，有乡村，有宫苑，有官署，有村舍，有民居，楼堂馆所，一应俱全。但画像石所见，主要是民居庭院，是为逝者设计的安居之所。

住

住

……

01

墓葬住居

    汉代的墓葬从棺可周身的石椁，发展为前室后室、左右耳室等形制的墓室，越来越像日常的庭院住居。这是因为,按照古人的认识，墓主去世进入冥界，首先要有一个住处，这是落脚的起码要求。但是，在石椁墓葬时期，棺椁只是暂时居住的场所，所以石椁的作用如同诸侯王的金缕玉衣，目的是保护逝者的身体不腐不朽，石椁四周画像的内容也主要是辟邪，保护逝者不受妖魔鬼怪的伤害和侵犯。所以如此，是那个时候的人们相信，人的死亡是魂和魄的分离，出窍的灵魂总有一天会回来，如果回来还能够找到不朽不坏的身体，就能够起死回生。所以，自战国秦汉以来，人们将逝者的棺材外再套一个石椁，以为如此就能够保证尸身不坏，就能够保证灵魂回归，有依有托(图1)。

图1　滕州石椁

但是，到了西汉晚期，比单纯棺椁复杂的墓室出现，改变了暂存的观念。逝者到了阴间，不仅仅躺在地下，棺椁周身，还要起居，还要像生前一样生活。为此，地下要有一座阴宅，要有更宽阔的活动空间，这空间首先要有一个厅堂，然后是安放棺椁的寝室，如是，前堂后室的墓葬形制应运而生。接下来顺理成章的建筑格局是，在前堂后室的基础上再增加和扩展生活空间，如在堂的左右两侧增加车库和厨房，在寝室的旁边增加侧室，甚至还配备专门的厕所。如山东省沂南汉墓，其平面是前中后室，后室还是左右联通的双后室。中室是堂。前室则是庭院，前室、中室左右各一耳室，和后室并列的左侧耳室后还有一个厕所（图2）。从沂南汉墓纵剖面可见，前室和中室都高大于后室，而作为堂的中室空间更大一些。这说明，在汉代的住居设计中，厅堂是最重要的起居间。由此不难理解，众多画像石何以格外钟情于厅堂的描绘（图3）。安丘董家庄汉墓，也是类似的前中后三室，后室也是左右

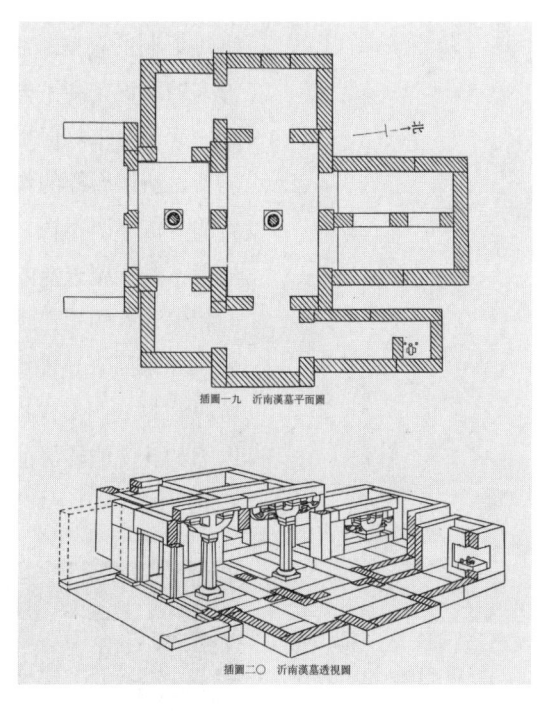

图3 沂南汉墓纵剖面图

图2 沂南汉墓建筑图

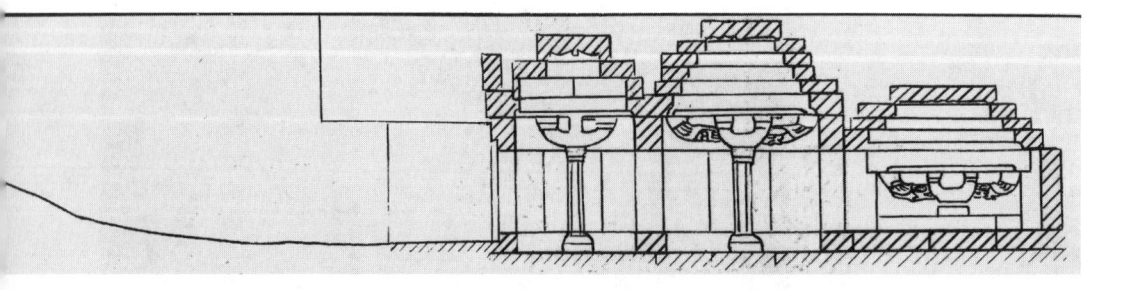

两室。另外在中室左侧增加一个东耳室（图4）。从董家庄汉墓立面可见，甬道尽头是墓门，墓门象征的是宅院大门，前室和中室之间的中心立柱，表明中室是一座双开间的厅堂。后室虽然分为左右两间，中间却没有隔断（图5）。

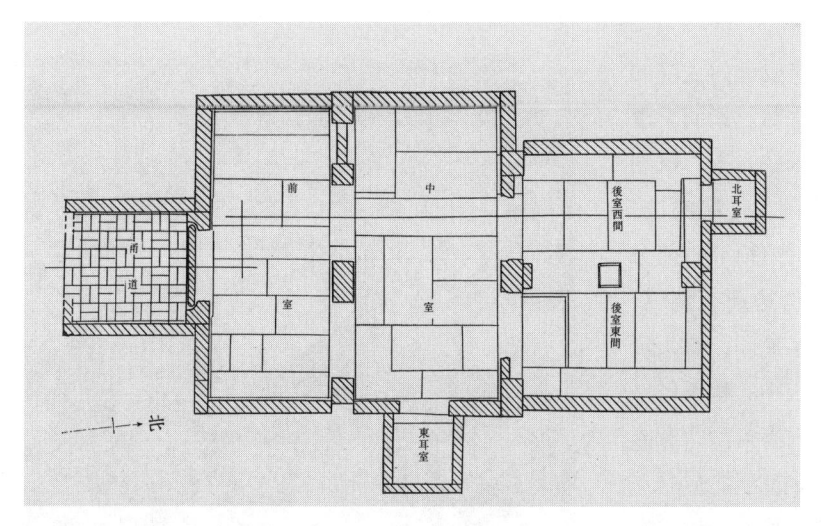

图4 安丘董家庄汉墓平面图

图5 安丘董家庄汉墓立面图

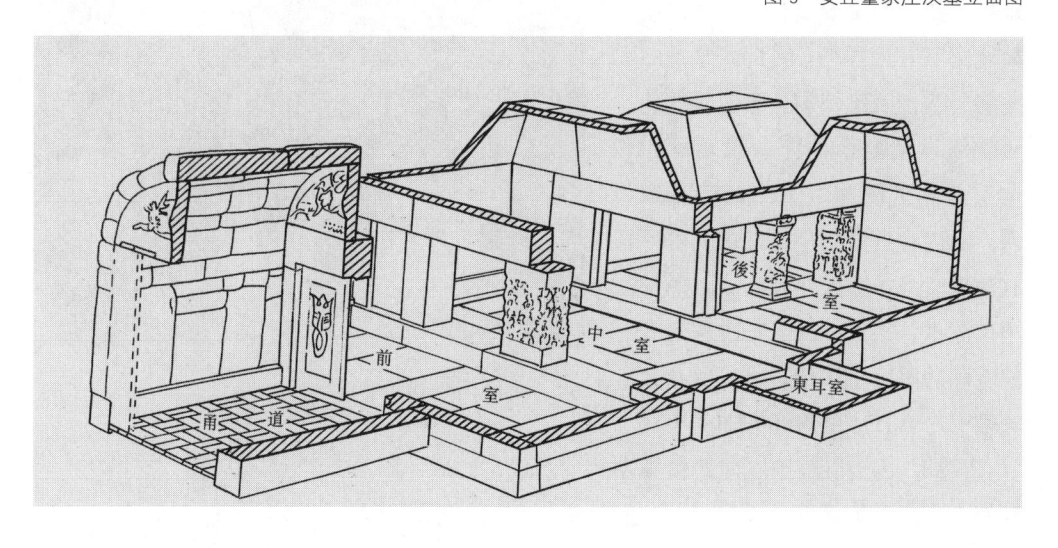

02

宅　院

除了将墓葬建筑设计为宅院的形式外，还有宅院画像。如曲阜市旧县村出土的一块画像石上，就刻画了一座完整的宅院。宅院两进，双阙大门，门上是铺首衔环，门旁有门吏。一进院落旁边还有偏院、偏门，两座偏院均半掩门，有人窥伺，有人把着门扉。中心建筑像是一座凉亭，四面有门有台阶，有人正走上了右侧台阶。凉亭之后是左右两座楼房，有连廊连接。楼房有楼梯上下。一进院落中正在表演着乐舞杂技，旁边偏院有人跪拜，后面连廊下有人弹琴（图1）。这是一座前后两个院落外加一个偏院的住居建筑。诸城市前凉台汉墓画像宅院是四进院落，大门两旁是双阙，门内有拥彗门卒，二进庭院还有池塘，池中有人在划船，院落中小孩泼水，大人扫地，三进院落有偏院和后院，主体建筑是一座高大宽敞的厅堂，厅堂后还有一座小厅堂（图2）。沂南汉墓中室南壁横额左侧宅院也是二进，门前双阙，大门右侧悬着一面建鼓，建鼓吊在鼓架上，左侧有人

图1　曲阜旧县村汉墓宅院

在准备酒食，酒器摆在地上，肉食挂在架子上，厨师正在忙着切割。一进庭院左侧是水井，二进堂前摆着几案酒具，堂后还附加了一座奥室，院墙左侧还有双阙。从院内空无一人推测，这座院子的闲置是因为主人已经去世（图3）。宅院的一进、二进都是过堂门，门上有铺首衔环，后边带立柱斗拱的房子是双开间的厅堂，堂后附加一间小房子，这小房子是奥室，也就是后来的壁龛，是用于供奉先人神主

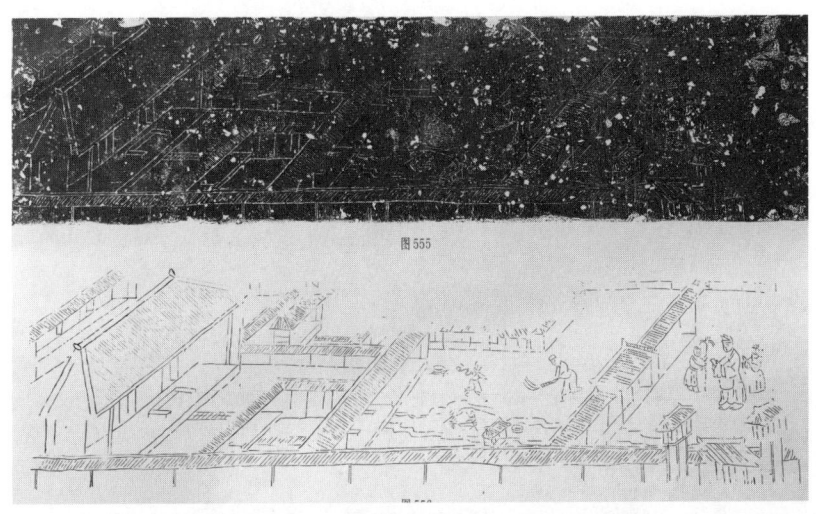

图2 诸城前凉台汉墓宅院

图3 沂南汉墓宅院

的（图4）。沂南汉墓前室东壁横额还有一座曲尺形房屋建筑，两座建筑呈直角相连，门前有甬道呈丁字形，一位拥彗门卒站在甬道一侧，迎候着前来吊唁的官员。这座拐角式建筑或许是主家的一处偏院（图5）。

无独有偶，在厅堂后另加一间奥室的建筑实物是嘉祥县武氏祠左石室（图6）和前石室，两座祠堂的后部中心都向外凸起一座小龛，平面呈"凸"字形状。从小龛后壁礼拜主人的画像可知，这座小龛应该是神主的空间（图7）。

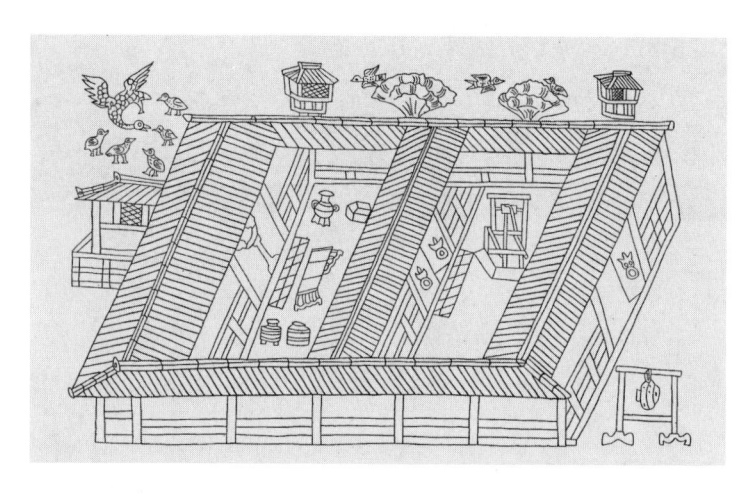

图4　沂南汉墓宅院图

图5　沂南汉墓曲尺形房屋图

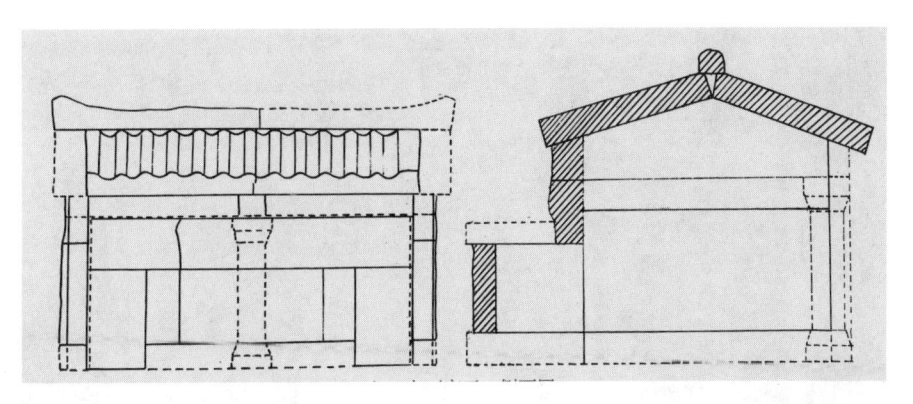

图6 嘉祥武氏祠左石室建筑图

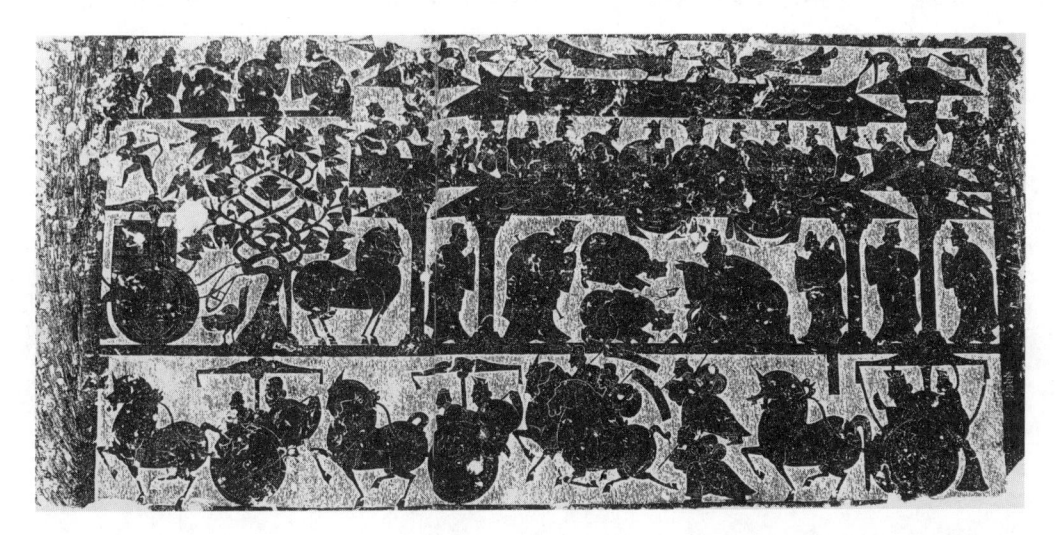

图7 嘉祥武氏祠左石室后壁小龛后壁

　　江苏省徐州市茅村汉墓中室南壁的庭院是一座四合院，自右而左先是门阙，一门两阙，门楼下是紧闭的门扉，左右有门卒。穿过大门进入院子，正面是一座厅堂，厅堂两层，上层是厅堂，下层是马厩，室内有斜靠的楼梯。厅堂内是拜谒和相会。厅堂左右两座楼阁是四合院的厢房，左侧阁楼下是厨房，右侧客厅，主人正在跪迎贵宾。楼阁二层是女性的会客厅。厅堂楼阁左端是走廊。一座庭院，有门有阙，有厅堂阁楼，还有连廊相接（图8）。

图8 徐州茅村汉墓宅院

　　陕西省绥德县延家岔汉墓前室西壁横额右端宅院，前后两个院子，四周围墙，前后院也有墙隔断。其中前院是一座带帷幕的大房子，像蒙古包一样孤零零地矗立在庭院中间，杳无一人，后院则有一人端着案子向前院走来。院子外头浩浩荡荡离去的车马队伍，说明这座庭院是逝者暂时的落脚之地（图9）。与西壁对称，东壁横额右端也是一座庭院，院落有阙有墙有厅堂，院子里还有仙树、仙人，院外则是乘坐龙车、

图9 绥德延家岔汉墓庭院

虎车、云车出行的队伍。院内仙人追赶院外龙车的动作表明，这座宅院也是歇脚的驿站（图10）。不想留驻的宅院表明，无论是墓葬还是画像的宅院，都不是逝者的久留之地，逝者最终的目的是离开这些阴宅，去往神仙的世界。

虽说地下的墓室都是逝者暂时驻留的场所，但也须明确房屋的产权。如陕西省绥德黄家塔一座墓门门楣，正中题记为"使者持节护乌桓校尉王君威府舍"，表明了该墓葬建筑的

图10 绥德延家岔汉墓庭院

所属（图11）。绥德苏家圪坨杨孟元墓后室中心立柱，上下题记为"西河太守行长史事离石守长杨君孟元舍"（图12）。绥德黄家塔6号汉墓后室口中心立柱，题记是"王圣序万岁室宅"，说明这里的府舍是阴宅，是王圣序千秋万岁的居室

图11　绥德黄家塔王君威府舍

图12　绥德杨孟元舍题记

(图13)。黄家塔7号汉墓西耳室横额右端，题记是"辽东太守左宫"，这是将墓葬耳室当作了偏院。题记所见，墓葬既是逝者的府舍，也是其阴宅，都不是生前的住居。

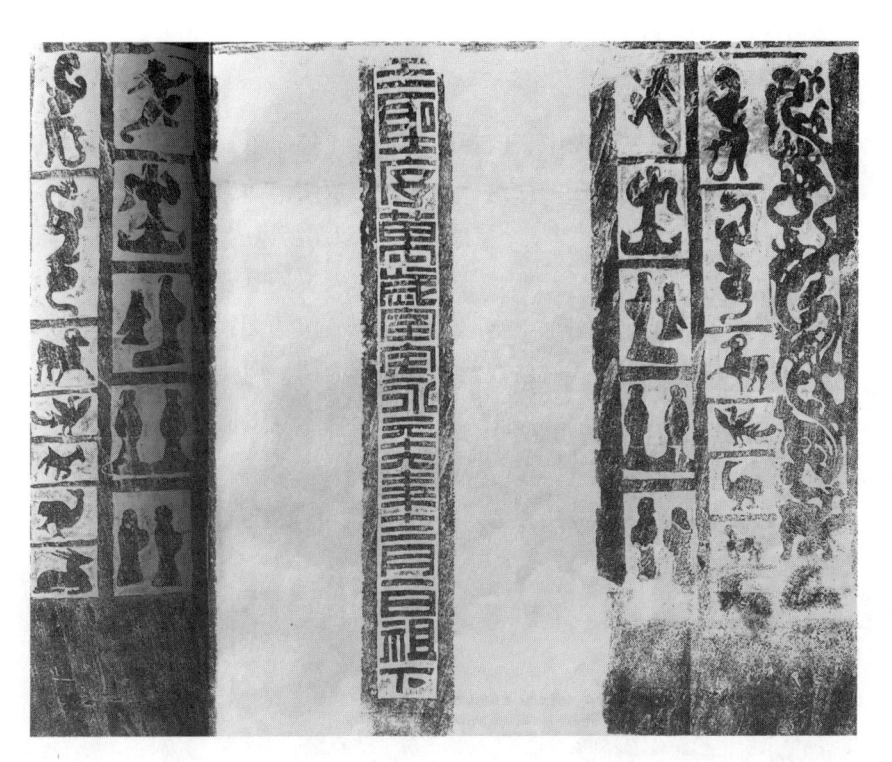

图13　绥德黄家塔王圣序万岁室宅题记

03
门　阙

　　西汉时期的石椁画像中，逝者的住居都比较简单，常见的图像是一座单层或双层的厅堂，外加左右双阙。如山东省济宁学院10号石椁南北档头，各刻画了两座双层阙檐的大门。其中，石椁南档头门阙，一人骑马走出，右阙上还落着一只凤鸟。石椁北档头双阙之间，伫立着两位执戟门吏（图1）。济宁学院另一块石椁侧板，右格双阙之间还有大门，两执戟骑吏正从大门走出，中格厅堂内主人凭几而坐，屋脊上栖息着

图1　济宁学院10号石椁门阙

凤鸟，屋檐有两龙头。一块侧板，有门、有阙、有厅堂，一个完整的院落表现了出来（图2）。类似的图像在相邻的枣庄市也有发现。如枣庄市薛城区临山一座石椁，门厅只是用双阙和铺首衔环替代。左格双阙，右格铺首衔环，中心是穿璧纹。双阙象征的是门口，铺首衔环象征的是大门，门阙关系一目了然（图3）。

四川省也是画像石建筑图像较多的地区，但相对于山东、江苏等地的连栋比屋，四川地区则多门阙和仓房。受石棺空间的限制，有时候只是在石棺档头上刻画一座门阙，如新津一座石函，双阙图像安排在石函一侧左端，门吏在双阙

图2 济宁学院石椁建筑

图3 枣庄市薛城区临山石椁建筑

之间，捧盾迎归，门外迎来了鼓吹和执便面的隶卒（图4）。乐山九峰乡（现大佛街道）石棺档头上，双阙也是一高一矮的子母阙，双阙之间是两位执板门吏，恭候来宾。门吏恭候在双阙之间，注解了这里的双阙就是门阙（图5）。大邑县三岔镇同乐村石棺，

图4　新津石函双阙

图5　乐山九峰乡石棺双阙

双阙大门图像安排在石棺左侧面,双阙之间是大门,门上是门楼。右阙前门吏捧盾,身后卫士执戈,左阙前驶来一车一马。门阙用粗线条表现,框架结构一目了然(图6)。都江堰市五桂村石椁侧板,双阙之下拴着两匹马,大门内两人正在相互谦让。门阙一侧还有长廊和楼房(图7)。彭山1号石棺一侧,大门中间有立柱支撑,门口不但有门吏左右捧盾对应,门吏之前还分别有凤凰和麒麟相对,门外大树系马,有人在准备

图6 大邑同乐村石棺门阙

图7 都江堰市五桂村门阙廊房

马料，还有两位官员在一边聊天（图8）。合江4号石棺左侧板上的门阙，是一座十分紧凑的整体建筑，双阙之间大门，两扇门扉紧闭。左右双阙上下两层，其中下层阙身，还是杆栏式结构。虽然大门紧闭，但不妨碍右侧驰来的车马。而左侧龙虎座上的东王公，则暗示了这座门阙的神仙属性（图9）。合江5号石棺左侧板门阙，和4号石棺一样，也是门阙一体，大门被打开了一扇，有人正把着门扉左向瞭望。这里的双阙阙身极为宽大，像是临街仓房，窗户也都是百叶窗的样式。这可能是将仓房和门阙合二而一的表现（图10）。

图8　彭山1号石棺门阙

图9　合江4号石棺门阙

图10 合江5号石棺门阙

陕北地区的画像石，喜欢将门阙、厅堂楼阁刻画到门楣和左右立柱上。如绥德一座墓门门楣右端，出行的车马身后就是一门一阙，门内有手执兵器的门卫。墓门左右立柱，象征门外双阙，画像也都是护卫大门的内容，如门吏神怪等。也许担心人们不明就里，又在立柱上刻画了双阙和门吏门卒，以此证明立柱的门阙身份（图11）。米脂官庄墓门左右立柱，

图11 绥德墓门门楣门阙

主题就是门阙门卒，上层是阙，阙下是门卒，门卒各执一把大扫帚。上下两层的阙身和阙檐被刻画成灯笼的样式。为了不遮挡门吏，双阙底层的立柱也被省略了一根（图12）。这种做法也见于陕北其他地方，如绥德一座墓门左立柱上的门阙也只是一根立柱支撑，前边的同样被省略掉，门吏就站在一根立柱的阙下，二层阙身也像灯笼一样（图13）。

图 12　米脂官庄墓门左右立柱双阙

图 13　绥德墓门左立柱门阙

04
大　门

门是庭院家居建筑的界限，进门是家，出门在外。因此，画像石中的建筑，也都十分注重大门的刻画。如山东省沂南汉墓前室南壁横额中间一座二层建筑的庭院，大门之上有门楼，门两旁有立柱，门扉上各有一铺首衔环，门左右双阙，门阙之间是两位拥彗门卒（图1）。沂南汉墓前室西壁右端另一

图1　沂南汉墓大门（线图）

座大门，门左右也是立柱，门上有门楣，门扉也是铺首衔环，两扇门一开一闭（图2）。陕西省绥德县一座画像石墓，墓门组合由门扉、门楣和左右立柱组成，且不同建筑部件安排不同的画像内容：门扉是铺首衔环、四神及其镇墓兽，立柱是门

阙、门吏或仙人、仙人台，门楣是日月升仙等（图3）。神木大保当汉墓，门扉上以铺首衔环为中心，上下分别为朱雀和青龙、白虎（图4）。米脂官庄墓门，门扉上只是朱雀和铺首衔环，周边则是几何图案（图5）。山东省临沂市吴白庄汉墓两扇门扉上，除了铺首衔环外，只有青龙白虎，说明这里的门

图2　沂南汉墓大门（线图）

图3　绥德墓门组合

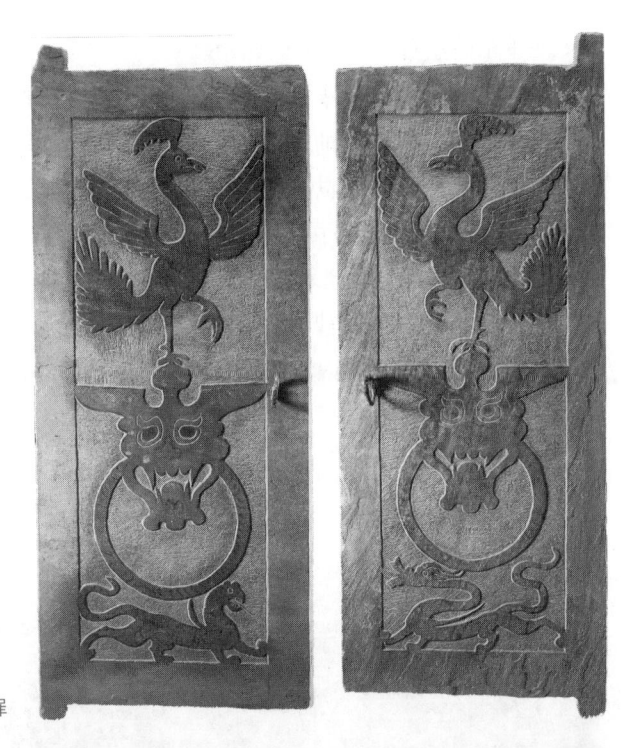

图 4 神木大保当汉墓门扉

图 5 米脂官庄墓门

扉更注重东西左右方位的标识（图6）。

绥德县四十里铺一座汉墓墓门门楣中心，只是刻画了一扇门扉，门上是铺首衔环，门的左侧是宾客拜谒，右侧则是西王母的世界。这里的一扇门扉隔开了两个世界，一是人间的厅堂，一是西王母的世界。所以如此处理，可能是在暗示墓门就是人神相隔的界限，过了这道门，就能进入神仙的世界（图7）。绥德园子沟汉墓，门楣中间厅堂内，也有一扇大门。门旁男女

图6　临沂市吴白庄汉墓门扉

正在依依不舍地诀别，门外大树旁来了一辆车子，车前还有一胡人骑着麒麟。画面表现的是男主人正在准备出门，被接往仙界。如此，这扇门就是人神分别的最后界限（图8）。

山东省嘉祥县五老洼小祠堂，大门被镶嵌在楼堂建筑的二层中间，大门也是一扇，门上是铺首衔环。

图7　绥德四十里铺门楣大门

图8　绥德园子沟门楣大门

楼堂一层是拜谒，二层门两侧正面端坐着四位女性，楼堂建筑的下面则是车马迎归，双阙之外两位门吏躬身迎候着一辆驷马安车和双骑。把大门安在楼上，和绥德摆在门楣上的表现异曲同工（图9）。滕州市桑村镇大郭村的画像石大门也是两层，大门里外都是迎归，门外门吏一执板一捧盾，恭迎着来

图9　嘉祥五老洼小祠堂大门

宾，门内门吏则是跪迎。里里外外迎接的全是男性，二层堂内也端坐着四位女性。受画面所限，这里的大门只有左边一阙，右边则是一棵大树，树上还盘旋着一条大蛇（图10）。

图 10　滕州大郭村画像石大门

05

半掩门

除了完整的墓门、门阙、大门和以铺首衔环象征的门扉外，画像石还有一种半掩门的表现形式。如四川省荥经石棺左侧板中间，大门口一位女性，正用手把着门扉朝外观看，门口两旁相对各一凤凰，各两根带斗拱的立柱，其中左侧立柱之间男女正在吻别，右侧则是戴胜的西王母（图1）。吻别就

图1　荥经石棺半掩门

是诀别。荥经石棺大门口女性倚门而待的表现，像是在欢迎逝者，进入仙界，与西王母为伴（图2）。成都市曾家包汉墓庭院之中两座建筑，一座是仓房，一座是二层的楼房，楼房一层大门，也有一位女性把着门扉向外眺望（图3）。

山东省兰陵县城前村汉墓，前室东壁门楣正面，一座建筑不但有大门，还有偏门。大门半掩，门内两人，一人执便面，一人执节杖。偏门半掩，门后的门卒露出了半个身子，

图 2　荥经石棺半掩门

图 3　成都市曾家包汉墓半掩门

图4 兰陵城前村汉墓半掩门

躬身迎候，门外则是捧盾门吏，迎来了车马（图4）。济南市历城区全福庄汉墓，双阙之间的大门，门楼两层，楼下大门半掩，一位头戴进贤冠的官人正敞开了一扇门，门旁则是持节门卒，双阙之外还有捧板官员。楼上的凤鸟、猴子，表明门内也是仙人的世界（图5）。江苏省睢宁县墓山1号墓，前室两

图5 济南市历城区全福庄汉墓半掩门

扇大门之间,也闪出了一位门人,门外一辆空载的马车正欲驶离,门内则是一片歌舞升平(图6)。

半掩门内或者是神仙的世界,或者是快乐的世界,都是惬意的地方。手把着门扉的有女性,有门卒,有凡人,还有神仙,其把门守望的表现,像是在期待,在迎候。门扉半开,既有通透的含义,也有迎客进门的意图。画像石刻画半掩门,意在告知无论是墓门还是宅门,都是阴阳相隔的所在。过了这道门,逝者就可以进入新的天地,享受人间不能享受的幸福时光。

图6 睢宁墓山1号墓半掩门

06

厅　堂

　　因为画像石是墓葬装饰，逝者最担心的是寂寞，所以宾客盈门的场景是画像石的重要题材，会见宾客、接受拜谒的厅堂遂成为画像石最常见的建筑。从简易的石椁到复杂的石墓。画像石上的厅堂，有一层、两层的形式，一层是独立的厅堂，二层则是楼房。楼房有将二层做厅堂的，也有楼上楼下都做厅堂的。还有将楼上当厅堂，楼下做厨房的。将楼上楼下都做厅堂，是因为男女有别，男性在楼下，女性在楼上，男女主人各自都有活动的公共空间，各自都有待客的地方。

　　山东省济宁市济宁学院10号石椁东侧板中心，是一座结构简单的一层厅堂。厅堂前有两根立柱，上有屋顶，堂内一人，凭几端坐，堂外两人，一执戟，一捧板拱手。屋檐下钻出的两条龙，说明这座厅堂不是人间的建筑（图1）。河南省唐河县石灰窑村一座西汉墓，墓门东门扉上，厅堂也是一层。其形式是一厅双阙，厅堂位于门阙中间，一层两柱。其下铺首衔环代表大门。堂内正面凭几端坐的人物和胡人侍从以及

图1　济宁学院10号石椁厅堂

房顶凤鸟等，说明这也是一座仙居（图2）。陕西省绥德一块墓门门楣中间的厅堂像是凉亭，由四根立柱托起四面的屋脊，堂内榻上端坐着东王公和西王母，堂外左右两棵仙树，树外则有骑鹿仙人和天马（图3）。徐州市铜山区利国镇汉墓西耳室南壁，厅堂建在双阙之后高台上，左右立柱还有柱础，堂内两人相向而坐，门前驶来一棚车（图4）。铜山东沿村一块画像石厅堂的两根

图2 唐河石灰窑村墓门厅堂

图3 绥德汉墓墓门门楣厅堂

图4　铜山利国镇汉墓厅堂

门柱还雕刻着花纹，堂口上方还有帷幕，堂内摆着酒食、酒杯，二人正在拱手礼让。堂外左侧还有一人背着口袋，口袋里盛的应该是粮食或食品（图5）。邳州陆井墓，厅堂同样挂着帷幕，堂内两人正在对弈，堂外停着一辆牛车，还有一人坐在几上牵牛。牛车和棚车一样，都应该是专供老人乘坐的安车（图6）。滕州官桥镇车站村画像石厅堂，厅内二人也在博

图 5 铜山东沿村汉墓画像石厅堂

图 6 邳州陆井墓厅堂

弈，厅外凤鸟和屋顶猴子，说明这座厅堂也与仙界有关（图7）。

除了无所事事的对坐，相敬如宾的对酌和博弈外，厅堂也是观赏歌舞的起居间。如山东省微山县两城镇一座小祠堂画像中的厅堂，正面端坐的主人在来宾的陪伴下，正在欣赏堂前的建鼓歌舞（图8）。江苏省徐州市洪楼汉墓祠堂后壁，左右两座厅堂，左侧厅堂内女主人在观看纺织，右侧厅堂内男主人在观赏庭院的建鼓杂技表演。在汉代，男耕女织的生产模式，也是画像石男女区别的典型符号。当庭院中在锣鼓喧天盛况空前地演出之际，女主人却心无旁骛地关注着织女们的劳作。男人的喧闹和女人的娴静一目了然（图9）。

西汉晚期的石椁建筑画像，也有将厅堂安排在楼上的。如江苏省沛县栖山石椁中椁，右侧板内壁左端，二层楼上的

图7　滕州官桥镇车站村画像石厅堂

图 8 微山两城镇小祠堂厅堂

图 9 徐州市洪楼汉墓祠堂建筑

厅堂内，西王母凭几端坐，楼下是一只硕大的凤鸟，楼梯斜倚在楼房的外边（图10）。左樽板内壁左端厅堂同样在楼上。和西王母所居的楼房不同，这里上楼的梯子设在屋内，一人正踩着梯子上楼，楼上二人博弈。这种楼上人居，楼下养鸡养猪，楼梯设在屋外的建筑形式，一直延续到今天，如云南西双版纳地区的竹楼。

　　厅堂安排在楼上，与接待神仙有关。汉武帝时期的方士公孙卿宣扬"仙人好楼居"[①]。仙人所以喜欢住高楼，是因为高楼距天近，来回方便。所以，这里的西王母和进入仙界博弈的人们也都在高楼上活动，二层楼上的厅堂遂被贴上了仙界的标签（图11）。山东省微山县微山岛沟南石椁，西王母也是凭几端坐在楼上厅堂，楼下则挤满了鸟头、蛇尾、鱼身的神怪，但这里却没有上楼的梯子。或许，仙人们上下楼用不着梯子（图12）。沟南另一座石椁，楼房空间

① 《史记·孝武本纪》，中华书局1959年版，第478页。

图10　沛县栖山石椁楼堂

图 11　沛县栖山石椁楼堂

图 12　微山县微山岛沟南石椁楼堂

被进一步扩大，楼上既有西王母凭几的地方，还有宾主博弈的场地和侍从周旋的空间，楼下仆人们则抬着酒食顺着梯子上楼（图13）。沟南第三块石椁，侧板中格的建筑，楼上少了凭几的人物，博弈者却成了主角，楼下同样有人踩着梯子上楼运送酒食。屋顶及屋檐上有4只凤鸟，凤鸟表明了楼上空间的仙界性质（图14）。两座楼房都有粗壮的柱子支撑，柱子内收，二层则向两侧延伸，正面看像一个倒"凸"的形状。如此处理，强调的似乎是楼上，是高耸的住处。

邹城市南落陵村石椁建筑画像，二层楼直接建在大门之上。但是在大门的屋檐内还有一层，有人携带着酒壶正在跪拜，其上楼堂内正面端坐着两位神人，楼下大门内两执板门吏相对，门外卫士执戟俯首，双阙在门的两侧。这座门楼从外观看是两层，但内观则是三层（图15）。

图13　微山县微山岛沟南石椁楼堂

图 14　微山县微山岛沟南石椁楼堂

图 15　邹城南落陵村石椁楼堂

以上都是西汉时期的画像，反映的是西汉中晚期人们对于仙居厅堂的认识。这些仙居几乎无一例外都希望高大，都有门阙，都是二层楼，都有上楼的梯子，都能够接待西王母、东王公和仙人博弈。这种认识甚至延续到东汉早期。如江苏徐州铜山区汉王镇东沿村东汉永平四年（61）的小祠堂画像，二层楼房的结构靠左下角一架斜放的梯子诠释。楼上厅堂内一人凭几，一人跪拜，门外左右是侍者，楼下则有人抬着酒食上楼，旁边还有歌舞表演。其图像内容和形式与西汉晚期石椁类似（图16）。

睢宁张圩征集的一块画像石，两层楼房的功能是楼上宴饮，楼下庖厨，中间隔着一排栏杆，楼梯设在房屋的中间，

图 16　铜山汉王镇东沿村小祠堂楼堂

两位仆人捧着酒食正在楼梯间上下。这种竖井式的楼梯如同今天的电梯（图17）。

1993年铜山发现的一块画像石，楼梯左右斜搭，楼梯上三座凉亭如同连廊，支撑二层楼的是重叠四五层的斗拱。楼上厅堂内宾主博弈，楼下建鼓歌舞，上楼者有的捧着酒壶，有的举着肉串，也有前来拜谒的宾

图17　睢宁张圩画像石楼堂

客（图18）。同样是把楼梯放在屋外，同样要遮挡住楼梯不遭日晒雨淋，安徽宿州褚兰镇墓山孜2号墓，建宁四年（171）祠堂后壁的画像与铜山类似，楼上男士相会，楼下女眷纺织，来宾则依次跪拜在楼梯上。门外双阙，双阙之外还有两亭，厅内也安排了宴饮。楼堂庭院宴饮、建鼓乐舞和跪拜（图19）。灵璧征集的阳嘉三年（134）画像石，二层楼也是将楼梯安置在外面，坡度更小的楼梯和中间的楼房，俨然南方的廊桥。楼上宾主宴饮，楼下建鼓歌舞（图20）。江苏省徐州铜山区利国镇汉墓东耳室东壁上，一高两低的三座楼房，处理的方式是依次递减。楼上三个厅堂各安排二人对坐，楼下和其余房间安排的则是庖厨和酒食。这种形式的楼房应该是楼梯连廊

图18　铜山画像石楼堂

图 19 宿州褚兰镇墓山孜 2 号墓祠堂楼堂

图 20 灵璧画像石楼堂

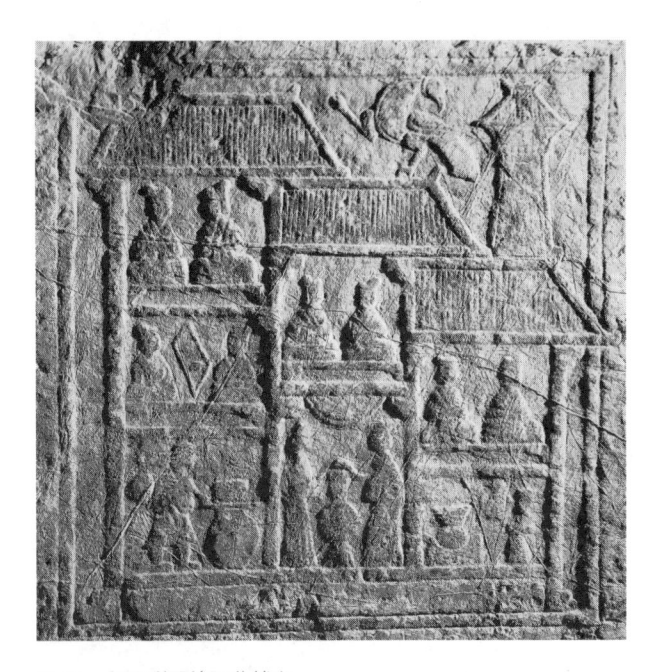

图21　铜山利国镇汉墓楼堂

图22　铜山利国镇汉墓楼堂

的单侧表现（图21）。将楼梯设在屋外，或者将屋内加一隔板，冒充二层楼房的做法，说明画像作者可能没有见过真正的二层楼房，不知道楼梯应该设计在何处。西耳室西壁的楼房，虽然也是矗立在大门之上，但在二层楼上却又开辟了一高两低三个房间，每个房间安排两个人物，楼下则是大门和马棚，大门中间地上还有挡门石（图22）。睢宁墓山1号墓前室的建筑，三层楼房各有屋顶和立柱，一层有阙有门还有大堂，二三层则逐层递减，最顶上的三层是厅堂，安排的是宾主二人及门外的跪拜者（图23）。

画像石第三种建筑形式，楼上楼下都是厅堂。如江苏省邳州市陆井墓画像石上，楼房共用一个屋顶和四壁，二层只是在房屋中间加了一层隔板，通往二层的楼梯则斜倚在屋外，楼梯的旁边是庖厨。楼下博弈，楼上宴饮，旁边则是为宴饮准备的厨房，庭院还有建鼓杂技乐舞（图24）。山东省滕州市宏道院画

图 23　睢宁墓山 1 号墓楼堂

图 24　邳州陆井墓楼堂

像石中，二层楼架在大门之上，楼上会见，楼下博弈，楼外驻马，楼阙周边龙虎凤鸟群集（图25）。

楼上楼下都是厅堂的，还有性别的区分。男性楼下，女性楼上，男性和女性，各有自己的会客厅，各自接待各自的来宾。如山东省平阴县实验中学小祠堂厅堂，上层女性正面端坐，旁边还有侍者手持便面侍候，二层男性则都有几可凭，楼下是大门。门里门外，车马穿堂。这种车马横着穿过厅堂的做法，不是画像作者不懂透视，而是用这种直观的形式，告知观者，楼下是大门，车马可以自由进出。这是将大门和厅堂合二而一的设计（图26）。枣庄市台儿庄区泉源村画像，楼房体型比较瘦高，两座厅堂上下叠加。楼上两位女性正面端坐，面前有栏杆围挡，楼下两男性榻上对坐。都是无所事事地坐着，却各有自己的空间（图27）。邹城市郭里镇一块画

图25　滕州宏道院画像石楼堂

图 26　平阴实验中学小祠堂楼堂

图 27　枣庄市台儿庄区泉源村画像石楼堂

像石，同样是在厅堂之上又重叠了一座厅堂，男主人位居一层，女主人位居二层，一层堂外还有候见的来宾（图28）。嘉祥县武氏祠前石室后壁小龛东侧的楼房，上下三层，上层女主人和中层男性正在接受仆人敬献的酒水，下层则是厨房和楼梯间，几位仆人正踩着楼梯向楼上传递酒食（图29）。嘉祥县满硐镇宋山小祠堂后壁，一层厅堂内主人在接受拜谒，二层女性则在享受美酒佳肴（图30）。东平县后魏雪小祠堂，楼堂上下挤满了拜谒的人群，楼下男主人的面前还摆着圆案，案上摆满了酒杯（图31）。

图28 邹城郭里画像石楼堂

图29 嘉祥武氏祠前石室楼堂

223

图 30　嘉祥满硐镇
宋山小祠堂楼堂

图 31　东平后魏雪小祠堂楼堂

诸城市前凉台汉墓一块画像石上，厅堂和楼阁是分别两座建筑。厅堂内主人端坐在带围屏的榻上，宾客罗列堂上堂下。楼阁三层，每层也都是宾客满座（图32）。厅堂和楼阁，都是会客厅。

画像石所见，单层单开间的厅堂，要么是仙人所居，要么是宾主相会，要么是夫妇共享。宾主可以对酌，可以对弈，夫妇也可以在家里开堂会，享受庭院鼓舞杂技表演。楼上楼下都是厅堂的，则男女有别，男性在楼下，女性在楼上。厅堂内常见的活动就是拜谒会见、博弈宴饮。从楼上厅堂为西王母专用，为仙人专用，到为女性专用，男性移居楼下，是内外有别的表现，也是仙人楼居神仙观的式微。

图 32　诸城前凉台汉墓
厅堂楼阁（线图）

07
楼　阁

楼阁就是在屋顶上增加一座阁楼样式的厅堂。如陕西省神木大保当汉墓门左立柱上，楼阁两层，楼下大门紧闭，阁楼周边是带围栏的阳台，楼阁周边是凤鸟、仙人（图1）。和擦在大门上不同，清涧贺家沟墓门右立柱上的楼阁则像水榭一

图1　神木大保当汉墓楼阁

样，是用一根斗拱挑出来的。阁内一人坐在榻上，一人跪拜。楼下则有门吏和牛车（图2）。绥德白家山汉墓前室西壁左右竖石，在门阙的位置上同样是楼阁，且其结构格外复杂。左竖石厅堂分隔为上下两层，堂上一屋，屋门紧闭，屋上一根带斗拱的立柱挑起了第三层阁楼。楼梯上传送酒食者络绎不绝，楼阁上4人载歌载舞。楼顶之上又起一小房子，左右屋檐上栖息着两只凤鸟。右竖石一座带窗户的屋顶上一门一厅，大门紧闭，厅内有人独坐。门厅之间是一根粗壮的柱子，挑起了

图2　清涧汉墓楼阁

三层楼阁，二层至三层还有斜放的梯子，有人正踩着梯子向三楼上运送酒食，但三层厅堂内空无一人。屋顶上是两只斗鸡，屋檐上攀爬着两只猴子（图3）。堂内无人，或许是在等待着仙人的降临？

图 3　绥德白家山汉墓楼阁

08
斗　拱

　　斗拱是建筑的部件，其作用是扩大建筑的空间面积。汉画像石中的斗拱，都设计在门口的立柱上，象征的是门庭楼堂的高大。如陕西省米脂官庄墓室东壁左右两侧的斗拱，特别突出的是一根顶天立地的立柱，立柱上有斗拱，下有柱础，旁边则在中心部位刻画一个虎头，替代铺首衔环。将立柱刻画得粗壮高大，应该是通天的意图（图1）。西壁斗拱位于画面左右两端，其作用和门口竖石一样，将门楣高高托起，让门内的人物、车马、仙禽、异兽有更广阔的活动空间。官庄墓室东西两壁的斗拱，上下四层，斗拱上的"升"则自下而上以一二三的数量增多（图2）。绥德大坬梁墓室斗拱，柱头之上也是四层，升的数量也是依次增多（图3）。绥德延家岔汉墓竖石上，立柱斗拱更加夸张，粗壮高大，几乎挤满了竖石的

图1　米脂官庄墓室东壁斗拱

图 2 米脂官庄墓室西壁斗拱

图 3　绥德大坬梁墓室斗拱

整个画面（图4）。1962年，绥德出土的一块画像石墓门右立柱上的斗拱和延家岔的类似，不同的是延家岔斗拱之下是车马迎归，而这块立柱上斗拱之下是牛耕。车马迎归是在门口，牛耕则是在野外。两幅画像表明，斗拱是门口立柱上的构件（图5）。从陕北地区特别强调带斗拱的立柱可见，其作用一是取代双阙，二是强调门楼的高大，高到可以顶天、通天、近天。

图 4 绥德延家岔墓室竖石斗拱

图 5 绥德墓门斗拱

09

廊 房

东汉中期以后，庄园经济的繁荣，连屋比栋成为一种新的住居追求。墓葬冥居，除了高楼，还有了偏房和庭院，有了连接各个建筑的连廊。如江苏省睢宁双沟征集的一块画像石上，大门居中，门上二层楼犹如城门楼子，内坐二人，大门两侧则是并列的廊房，每座廊房里还都坐着两人（图1）。睢宁另一块画像石，主楼一侧三座房屋自左而右依次展开，如同走廊，走廊由带斗拱的立柱支撑，两侧还有栏杆（图2）。山东省费县垛庄镇刘家疃汉墓，门楼和阙楼之间由一座廊桥连接，廊桥架在空中（图3）。

图1 睢宁双沟画像石廊房

图 2 睢宁画像石廊房

图 3 费县刘家疃汉墓廊桥

010

仓　房

有门有阙有仓库，是汉代人的理想，也是墓室画像建筑不可或缺的组成部分。仓房被纳入墓葬画像，隐含的意义如同随葬仓房冥器，是逝者在地下世界生活所需。

四川省简阳市2号石棺一侧，中心图像是大门双阙，大门之上是一只公鸡状的凤鸟，左右是粮仓，粮仓四面紧闭，顶上还有透气的天窗（图1）。简阳3号石棺右侧中心双阙之上榜题"天门"，旁边一座仓房，榜题"大仓"，大仓即太仓，太仓是国家储备粮库。有的画像石还榜题为"天仓"，是天人享用的仓房。天人就是逝者，就是升天之人（图2）。成都市郊曾家包汉墓后壁上三座建筑，分别是两座仓房和一座楼房，画面左上仓房门口一人正捧着盛粮食的量走来，门外树下一执杖老者席地而坐，右下水田旁边是一座杆栏式建筑仓房，仓房前边两人正在踩碓舂米。仆人从仓房捧出粮食和舂米图像都是对仓房性质的注解，说明这两座仓房都是粮仓（图3）。乐山市青衣街道肖坝崖墓石棺后档头，杆栏式仓房由一根粗壮

图1　简阳2号石棺仓房

图 2　简阳 3 号石棺天门大仓

图 3　成都市曾家包汉墓仓房

的立柱顶起，楼下左侧有人担着粮食准备入库，仓前两人正在盛装粮食。装粮食和担着粮食的图像，同样注解了仓房储藏粮食的性质（图4）。金堂2号石棺左侧刻画的一座两层建筑，中心立柱带斗拱，立柱左侧两个房间内挂着一权一鱼，右侧房间则拴着一马，旁边还有一人，楼上7个房间空无一人。权是秤砣，用于粮食称重，房内悬权，表明这座建筑也是仓库。另一房间挂着一条鱼，说明这座仓房里不仅储藏有粮食，还储藏肉食（图5）。纳溪石棚镇崖墓石函一侧图像是仓房和杂技，仓房由两根立柱支撑，仓门紧闭，门上还有门栓。仓房门前有乐人倒立、掷丸、掷剑、顶球表演，像是

图4　乐山肖坝崖墓石棺仓房

图5　金堂2号石棺仓房

在庆祝新粮入仓（图6）。合江3号石棺，仓房和门阙一体，大门之上有门楼，门内一人吹笛，一人和歌，门外右阙内一狗，左阙内有人坐在杠杆上碓米，其上是仓房，仓房顶端有天窗。门阙和仓房一体。狗看家护院的同时，也保护着粮食的安全（图7）。郫都区新胜镇竹瓦铺村1号石棺侧板上，画面主体建筑是一楼一阙。楼房下层是客厅，上层是仓房。楼上仓房，

图6 纳溪崖墓石函仓房

图7 合江3号石棺仓房

房门紧闭，回廊里放着盛放粮食的口袋，墙上挂着翻晒粮食的工具。工具和粮食口袋诠释了楼上仓房的性质（图8）。将厅堂二层当做仓房，既安全保险还通风透气。

图8 郫都区1号石棺仓房

四川地区画像石建筑，在重视门阙的同时，更重视仓房。而仓房都被架在高处，或筑高台，或矗立柱，或安置在楼上的做法，是为了粮食干燥不受潮。另外，在仓门落锁关闭的同时，还不忘开有天窗，通风透气。

有趣的是，即便有了和神仙比邻的仙居，也依然担心仙界是否有充足的粮食，如陕西省绥德园子沟一座汉墓墓门门楣中心，建筑也是厅堂和仓房组合。宾主在楼下厅堂之中博弈，楼上是门户紧闭的仓房，门庭之间阙檐下还挂着风干的兔子、野鸡。有门有户有厅堂，还要有储藏粮食的仓房，有吃不完的腊鸡腊兔，逝者终于可以高枕无忧地安息了（图9）。

山东省沂南汉墓中室南壁横额东段左边是仓储，右边是庖厨。仓储左端是一座两层的仓房，房顶同样开着透气的天窗，楼下仓门紧闭。仓房外场地上堆着粮食，停歇着运粮的牛车，还有在场地里堆放、计量、盛装粮食的人们，有偷食粮食的公鸡、母鸡。堆放、计量、盛装和鸡群的光顾，都是为了证明粮食的丰裕（图10）。

图9 绥德园子沟汉墓仓房

图10 沂南汉墓仓储(线图)

011

水　榭

　　水榭是庭院建筑的一部分。如枣庄市山亭区桑村镇西户口小祠堂画像石，楼阙之外，增加了一处水榭，水榭亭子里端坐着两位主人，楼梯上下也挤满了观赏捕鱼的宾客（图1）。微山县两城镇小祠堂西壁，水榭占据了五分之四的面积，水榭凉亭中端坐着男女主人，栏杆旁是一群观鱼者，水中有鱼有鳖有渔夫。结合水榭旁边的博弈和人头鸟针灸，这里的水榭反映的既是快乐的生活，也是长生不死的神仙日子（图2）。观鱼如同钓鱼、博弈，可以让人忘却时间，延年益寿。

图1　枣庄市山亭区西户口小祠堂水榭

图 2 微山两城镇小祠堂水榭

012
讲　堂

汉代私学兴盛，有学问者门生故吏满天下，所以，讲经授业的讲堂必不可少。山东省诸城市前凉台汉墓画像石中，就有一座讲堂。讲堂建筑如同凉亭，但北、西两面是墙壁，东、南两面对外通透。讲授课业的堂主位居西侧坐席上，面对手捧竹简者侃侃而谈，堂前院子里围成凹形的是听讲的门徒，门徒也都手捧竹简。讲堂的后边是食堂，有人正在准备宴席（图1）。

图1　诸城前凉台汉墓讲堂（线图）

013
陈　设

汉代人席地而坐，室内陈设简单。常见的陈设是几案。

几案如同今天的小板凳，人长时间跪坐时，可以将胳膊凭靠在几上，身体重心随之倾斜，以缓解疲劳。因此这种动作也被称为凭几或靠几。河南省唐河电厂东侧门楣上，两位正面端坐的老人面前各横着一几，这里的几如同桌案，是室内唯一的陈设（图1）。唐河针织厂汉墓南主室西壁上部，一个身体后倾者旁边也横着一长几（图2）。

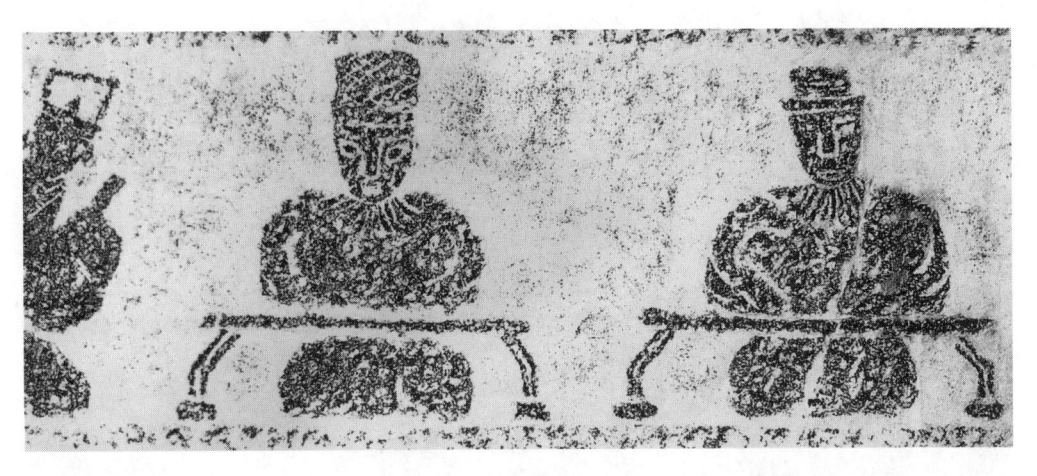

图1　唐河电厂汉墓几案

接着出现的家具是榻。榻一开始就是加厚的席子，如同今天的榻榻米。如陕西省绥德县四十里铺汉墓一块门楣画像石"二桃杀三士"，三士争功的高柄豆放置在榻上。这里的榻高出地面，其上还有花纹（图3）。四十里铺汉墓第二块门楣画像石上的床榻也是高出一般地面，其上主人还凭几而坐。但这里的陈设除了有榻有几外，墙上还悬挂着弩机和环首刀（图4）。

图2 唐河针织厂汉墓长几

图3 绥德四十里铺汉墓床榻

图4 绥德四十里铺汉墓陈设

山东省济南市章丘区黄土崖汉墓，前室后门西柱上主人所坐的床榻，则像一个炕桌，有腿有面，是一件木质的家具（图5）。微山县两城镇小祠堂后壁主人端坐的床榻上，还挤上了两位拜谒者，床榻的面积不再像坐席一样，只是一个人的坐具（图6）。江苏省睢宁墓山1号墓前室南壁画像厅堂内，宾主也是坐在同一张床榻上（图7）。邳州市陆井墓宾主二人，还在床榻上博弈（图8）。

图5　济南市章丘区黄土崖汉墓床榻

图6　微山两城镇小祠堂床榻

图7 睢宁墓山1号墓床榻

图8 邳州陆井墓床榻

睢宁县张圩征集的一块画像石上，宾主不但在床榻上博弈，还同时饮酒，而举着肉食侍候的仆从则只能站在床榻的旁边。

床榻成了会客、起居、娱乐的重要空间，也是身份地位的标志和象征（图9）。

床榻之外，室内增加的另一陈设是屏风。如山东省诸城市前凉台汉墓，厅堂内主人背后就是倒"凹"字形的三面屏风，其前则是摆着酒杯的几案（图10）。与诸城接壤的安丘市王封汉墓画像中，男女主人都坐在床榻上，背后各一屏风，屏风的边缘还有花纹。另外，男性背后的屏风右侧，还悬挂

图9　睢宁张圩画像石床榻

图10　诸城前凉台汉墓屏风（原图、线图）

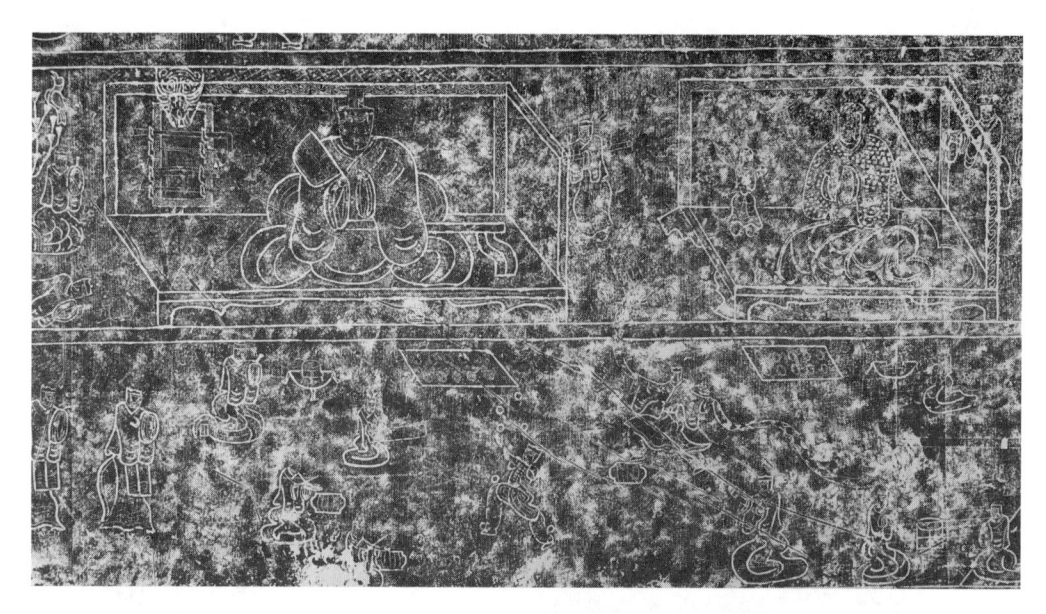

图11　安丘王封汉墓陈设

着虎头和兵器架，兵器架上陈放着戈、剑等兵器（图11）。

沂南汉墓在后室南北侧隔墙东西两面，分别刻画了三组家具，其中后室北侧隔墙西面一架一几，架子是衣架，上面搭着一件衣服，几上则放着四双鞋（图12）。后室南侧隔墙东面上下两格，上格家具是妆奁，两个几上都放着或长或方的奁盒，其中上边的几下一圆奁，下边的几上还摞着一长方案，案上奁盒则有方有圆。旁边立

图12　沂南汉墓陈设

着的是双层灯台,灯台上层是圆案,中层是方案,底座如柱础。灯座旁边的猫和老鼠,表明老鼠有偷油的嫌疑,由此证明灯台的属性。灯台两侧倒扣的笼状物件,应该是熏衣服的熏笼(图13)。下格三位侍女面前几案,几上放着杯、盘、鼎,方案上摆满了耳杯,旁边还有带矮足的圆案、三足鼎,圆案上碗里还有一酒勺。三位侍女一持灯台,一捧奁盒,一执拂尘。持灯台侍女脚下还有方、圆两个奁盒(图14)。

图13 沂南汉墓妆奁

沂南汉墓后室相当于墓主的寝室,有放置衣物的家具,有化妆用具,还有夫妇对饮的酒具。

图14　沂南汉墓陈设

除了家具，室内还有陈设兵器的。如山东省济南市长清区孝堂山祠堂正面墙壁上，就悬挂着一把弩机（图15）。弩机是远射武器，挂在墙上，意在震慑辟邪。这一习俗，还引出了一个"杯弓蛇影"的成语典故。《太平御览》引《风俗通义》说，一位县令，夏至日请客，墙上挂的赤色弩机影入客人的酒杯之中，客人以为是条蛇，喝了酒后就感觉肚子痛，县令得知后，请客人再次坐在原来的地方吃酒，始知杯中的蛇影是弩机的影子。

图15　济南市长清区孝堂山祠堂陈设

014
祠　堂

　　祠堂是安置祖先亡灵的地方。汉代人相信，人的去世是灵魂与体魄的分离。为了留住游走的灵魂，特别为其建造了一座房屋，这房屋就是祠堂或者家庙。山东省沂南汉墓前室南壁横额中心一座孤零零的建筑，应该就是祠堂或家庙。这座祠堂和寻常庭院一样，有门有阙有楼堂，不同的是没有院墙。祠堂左右两侧车马来人各自携带着粮食和羊、酒，表现的是吊唁。祠堂前跪拜者面前几案上摆着的竹简，如同墓葬出土的遣策，应该是礼品簿，记载着礼品的种类和数量（图1）。

图1　沂南汉墓祠堂

015
佛　塔

　　佛塔是佛陀的象征，是佛教徒举行宗教仪式的建筑。山东省费县垛庄镇刘家疃汉墓画像中的多角楼，是三层三边的形式，底层还有栏杆围护，顶层和屋檐上的胡人射鸟，楼下的胡人，表明这座建筑与胡人有关。其底层正面端坐的光头人物，很可能就是佛陀，其身边左右两位胡人，如同一佛二弟子的组合。左边胡人手举华盖的表现，又如周公辅成王的图式。面前两位以手托腮侧卧的胡人，则与佛陀涅槃的动作类似。如此，这座多边形建筑很可能是一座佛塔。因为佛教开始传入的时候，被认为是胡人的宗教，佛也是被当作胡神对待的(图1)。

图1　费县垛庄镇刘家疃佛塔

Part 04

画像石所见汉代的出行方式，有车有船，旱地以车，水行则船。拉车的有马有牛，还有鹿有羊，仙车则由龙虎鸟兔牵引。人力车则是推拉的辇车和"鹿车"。

以畜力牵引的车子以有无围挡的车厢，区别为轺车和辎车，轺车之中又以有无华盖区别为轻车和轺车，有华盖的轺车还分有无四维，围挡的车厢也有两种，一是只围挡上部和两侧如同船篷的棚车，二是顶部和四面都围挡的辎车。另外，还有号称柴车的牛车、农用车。

行

行
……

01

轻　车

顾名思义，轻车就是轻便的车子。其结构主要是车厢、车轮和车辕，形式分别有盖和无盖。车上承载的人员一般两人，一驭手，一乘客。《史记·季布栾布列传》说，季布被朱家隐藏后，朱家即"乘轺车之洛阳，见汝阴侯滕公"。《集解》徐广解释轺车时说"马车也"。索隐案：轺车"谓轻车，一马车也"①。秦汉以前，还将这种轻便的车子名为小车。《后汉书·舆服志》中还说："轻车，古之战车也。洞朱轮舆，不巾不盖。"②

画像石中没有盖的车子，见于河南省唐河针织厂汉墓南主室南壁东端上部，三辆车子都没有盖，其中一辆车子还只是驭手一人。一车一人，较之车载两人更轻便。这里的三辆车子都是双辕，拉车的马被夹在双辕之间，控制马奔走方向的是辔，辔就是两根绳子，一头拴在马嘴的嚼子上，一头握在驭手的手中。想让马向哪个方向走，就拉哪个方向的辔绳。唐河针织厂汉墓下层，驭手控制的辔绳就特别清楚（图1）。山东省滕州市东寺院出土的画像石上，轻车也无华盖，因为车载两人，所以跑起来的时候，车厢重心还向后倾斜（图2）。四川彭山3号石棺侧板，在崎岖不平的道路上奔走着两辆车子，车上都是驭、主两人，但前头的车子无盖，后头的不但有盖还有帷。车后骑从表明，这辆带帷的轺车是主车，前头无盖的轺车则如同导骑，应该是轻车。同一车队，前后车辆以有无华盖区分，还表明无盖车较之有盖更轻便，画像以有盖无盖和前后不同排列次序，应该就是为了区别轻车和轺车

---

① 史记·季布栾布列传》，中华书局1959年版，第2729—2730页。

② 《后汉书·舆服志》，中华书局1965年版，第3650页。

图1　唐河针织厂汉墓轻车

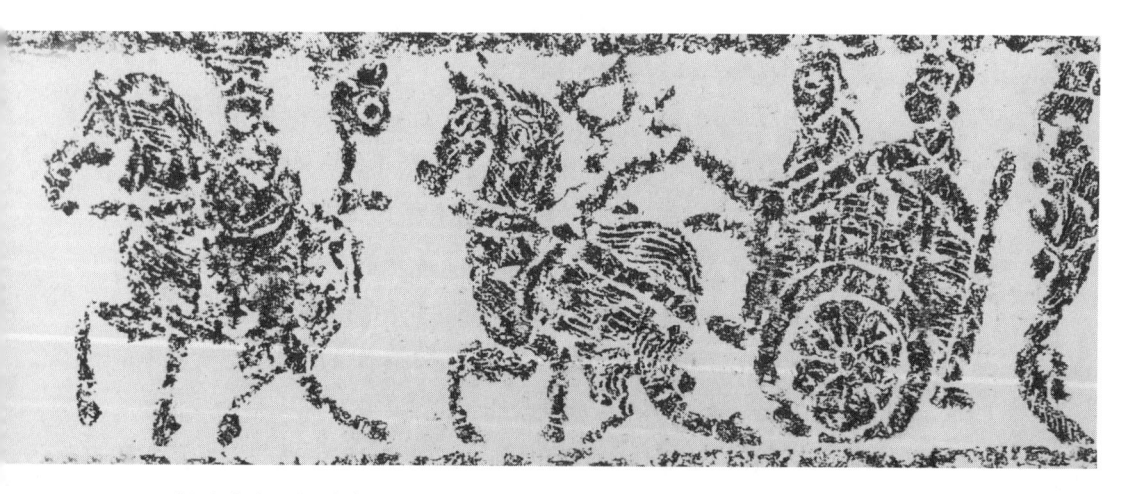

图2　滕州东寺院画像石轻车

的不同（图3）。河南唐河针织厂墓门南门楣背面，轻车加上了华盖，华盖就是一把大伞，车马出行时可以遮阴挡雨（图4）。

轻车，就是快车。

图3　彭山3号石棺轻车

图4　唐河针织厂汉墓轻车

02

辂 车

辂车也是轻车。《太平御览》引《释名》说:"辂,遥远也,四向远望之车也。"[①]和轻车不同,辂车一般都带盖,盖即华盖,就是伞。车载华盖,是为了遮阴挡雨。带华盖的车子还有带维不带维的区别。维是维系的意思,其形式是带子,四条带子自华盖至车厢四角系住,可以牢固华盖,不至于在车辆运行时左右前后晃动。这四条带子因此被命名为"四维",带四维的车子因此也被称为"四维车"。

四川省合江6号石棺右侧板的辂车,有华盖没有四维,双辕马车的形式如同二牛抬杠,两辕的前头上翘接一根横杆,横杆中间是卡在马颈背上的轭,同时车辕上还有三条兜带将马的胸、腹、背牢笼在一起,以防马脱缰。控制马行进速度和方向的辔绳则通过轭上的车繫拉动指挥。这辆车子车厢很小,车轮很大,华盖也很低,因此奔跑起来没有太多的阻力(图1)。山

① 《太平御览·车部》,河北教育出版社1984年版,第7册,第225页。

图1 合江6号石棺辂车

东省临沂市吴白庄汉墓一块横梁上的轺车，轭上有两个车軏，两根辔绳穿过各自的车軏控制马头左右方向（图2）。嘉祥县宋山小祠堂西壁下层的轺车，也是车轮大，车厢小。车上的华盖又矮又薄（图3）。嘉祥县南武山小祠堂西壁底层的轺车，弯

图2 临沂市吴白庄汉墓轺车

图3 嘉祥宋山小祠堂轺车

曲上翘的车辕还分了一个叉，这根叉是固定车辕、防止折断的支撑（图4）。嘉祥县宋山另一座小祠堂西壁下层的辂车，支撑华盖的是一把弩机，华盖前后还缀着两段风铃一样的飘带（图5）。嘉祥县五老洼小祠堂，前后两辆辂车，前边车厢如同

图4　嘉祥南武山小祠堂辂车

图5　嘉祥宋山小祠堂辂车

横"U"形靠背沙发，后边车厢前有档板，后有车耳。车耳是挡泥板，防止车轮带起的泥土卷进车厢（图6）。微山两城镇一块画像石上，轺车的车厢后靠背还高起一截，让车上的乘客坐得更舒服更安全（图7）。江苏省铜山大泉村一块画像石上，轺车车厢后部还比前部高起一大截，让乘客高高在上。这是

图6　嘉祥五老洼小祠堂轺车

图7　微山两城镇轺车

为了区别乘客和驭手的地位身份（图8）。

带四维的辎车也有两种形式，画像石中的维多数是绸帛类的软带，也有如同柱子一样的竖杆的。山东省嘉祥县宋山小祠堂画像中，停在大树旁边的辎车，四维连接着车盖和车厢的底部（图9）。嘉祥县嘉祥村小祠堂正在行走的辎车，四维的一端同样是系在车厢的底排上（图10）。烟台市福山区东留公出土的一块画像石上，以线描的形式刻画

图8　铜山大泉画像石辎车

图 9　嘉祥宋山小祠堂轺车

图 10　嘉祥嘉祥村小祠堂轺车

了一辆轺车，其四维同样是系结在车厢底部（图11）。济南市长清区孝堂山祠堂后壁上层右端，领头的两辆轺车上各坐着三人，前为驭手，后是乘客，其中前头车辆中间乘客进贤

图11　烟台市福山区东留公轺车

冠正面还高出一板，如同通天冠（图12）。四川省新津崖墓石函一侧的轺车，四维是四根杆子，将华盖顶起，如同凉亭（图13）。在车厢之上，搭起一个四方的亭子，要比华盖更稳妥。

　　画像所见，车子有盖无盖和有无四维，还是有区别的。如安徽省宿州褚兰镇墓山孜2号墓前室四壁，刻画了14辆车子，除3辆是辎车外，其余11辆全是轺车，轺车之中还有一辆不带车盖的，车上的人捧着盾牌，携带着金吾。可见，不

图 12　济南市长清区孝堂山祠堂轺车

图 13　新津崖墓石函轺车

带盖的辎车如同戍卫,是轻车(图14)。山东省嘉祥县宋山小祠堂门前停放的4辆辎车,一辆停放在门口大树下,是主人的乘车,另外三辆像是来宾的客车,其中前头两辆有盖无帷,后头一辆四帷齐全,且其车厢也像主人的车子一样,高高的还装饰着花纹。由此可见,带帷的是主车,不带的是副车。主车、副车,泾渭分明(图15)。

图14 宿州墓山孜2号墓辎车

图15 嘉祥宋山小祠堂辎车

辎车可站可坐，但驭手不能和乘坐辎车的乘客坐在一起，如滕州官桥镇后掌大画像石，驭手是站在车上驾驭马匹的。驭手不能和乘客同坐，是身份地位的区别（图16）。

图16 滕州后掌大画像石辎车

03
辎　车

辎车是车厢围挡起来的车子。如山东省微山县两城镇一块画像石上的两辆辎车，就是将车厢四面围挡，如同一个箱子的形状，车厢与华盖之间留有空隙（图1）。滕州市龙阳镇附近出土的画像石，4辆辎车的车厢和华盖也不相接（图2）。江苏省睢宁墓山1号墓前室北壁上的辎车，不但车厢与华盖不相

图1　微山两城镇画像石辎车

图2　滕州龙阳镇辎车

① 孙机：《汉代物质文化资料图说》，文物出版社1991年版，第95页。

连接，乘车人的冠帽还依稀可见（图3）。滕州市东寺院的画像石，前后4辆辌车，其中第二辆是安车，由三匹马驾驭，第三辆车子开着的后门，印证了《周礼·巾车》郑玄所注的"辌车后户"①的说法。后户，就是后开门。和车厢与华盖脱节不同，东寺院的辌车车厢直接和华盖相接（图4）。徐州市贾汪区青山泉子房画像石中停在门口的辌车，车厢三面围挡，顶上的华盖如同屋顶一样，扣在车厢上（图5）。陕西省绥德园子沟

图3 睢宁墓山1号墓辌车

图 4　滕州东寺院辎车

图 5　徐州市贾汪区
青山泉子房画像石辎车

墓门门楣上的辎车，华盖就是车顶（图6）。神木大保当汉墓，门楣上三辆出行的车子，前头是轺车，中间是辎车，后边是棚车。辎车车盖像鳖，和秦始皇陵出土的铜车一样，是秦汉时期的典型样式。《礼记正义·曲礼》引何胤《隐义》所说的"衣车如鳖而长也"[1]。这里的衣车是给车子穿上衣服的形容，如鳖则是其外形（图7）。

[1] 孙机：《汉代物质文化资料图说》，文物出版社1991年版，第95页。

图 6　绥德园子沟辎车

图 7　神木大保当辎车

为了将有限的车厢分割合理，让乘车和驾车者都有自己的空间，一些车厢的围挡面积就不得不瘦身，如滕州龙阳镇附近出土的一块画像石上，辎车被围挡的车厢就又瘦又高（图8）。龙阳镇另一块画像石上两辆辎车，前头的车厢有高有低，后头的则全封闭，驭手虽然坐在车厢外，但也享受着一半的华盖（图9）。

图 8　滕州龙阳镇辎车

图 9　滕州龙阳镇辎车

围挡的车厢不但有出入的车门，还有车窗。如河南省南阳市卧龙区沙岗店出土的画像石上，车厢的一侧就开着一扇小窗户（图10）。山东省兰陵县城前村汉墓前室东壁门楣正面两辆辎车，不但都开着窗户，窗户里还露着乘车人的头脸。其中后边辎车还开着车门（图11）。临沂市吴白庄汉墓辎车的小窗户更加明显（图12）。沂南汉墓车盖之下还有帷幕，车厢

图 10　南阳市卧龙区沙岗店辒车

图 11　兰陵城前村汉墓辒车

图 12　临沂市吴白庄汉墓辒车

分前后两部分，前低后高，驭手坐在前箱。两个车厢，一高一低（图13）。

安徽省灵璧县九顶镇出土的一块画像石上，辒车是在轺车的基础上，加高了两侧的车帮，且车帮是通透如纱窗的形式，车内乘坐的人物清晰可见。用纱布不用布幔围挡，应该是气候炎热地区的创举（图14）。

图13　沂南汉墓辒车

图14　灵璧九顶镇辒车

车厢围挡起来,是不希望外人看。如《史记·孙子吴起列传》说,孙膑被庞涓"断其两足而黥之"后,齐国将其偷载回齐国,作为军师出兵伐魏时,就"居辎车中,坐为计谋"①,以围魏救赵的谋略击败了庞涓的魏军。《史记·留侯世家》,黥布谋反时,刘邦恰好有病,张良劝刘邦"强载辎车,卧而护之"②。一个是因为身残,一个是有病,都需要乘坐辎车,目的是不让敌人知情。

---

① 《史记·孙子吴起列传》,中华书局1959年1版,第2162—2163页。

② 同上书,第2046页。

04
辇 车

辇车是辒车的一种类型，是将华盖压低成卷棚的形式，卷棚与车厢成前后桶状，如同卷棚船舱，乘客在车里可坐可卧。能够躺卧，车身就长。《史记·秦始皇本纪》载，秦始皇死后，"棺载辒凉车"[①]。辒凉车就是古代的卧车，颜师古注解这种车子也是安车，"可以卧息"。因为能够承载棺材，又名丧车。[②]《后汉书·寇恂传》："时军食急乏，恂以辇车骊驾转输，前后不绝。"注引《前书音义》说，"骊驾，并驾也。辇车，人挽行也。"[③]甘肃省武威市擂台东汉墓出土的三辆铜辇车，驾车的马胸前铭刻"张君夫人辇车马""张君前夫人辇车马""张君后夫人辇车马"[④]，表明这种车子也是妇女乘坐的专车。

江苏省徐州市铜山区利国镇出土的一块画像石上，门阙前一辆辇车，车前车后各一女性。车前迎候的女性牵住了马，车后女性则在期待着乘客下车（图1）。山东省泰安市旧县村出土的一块门楣画像石上，左侧一辆辇车，右侧一辆轺车，辇车里还可见驾车的驭手（图2）。桓台县唐山镇唐一村出土的门楣画像石上，出行的车辆组合是前为轺车、中辒车、后辇车（图3）。

陕西省神木大保当汉墓墓门左右立柱上的辇车，车棚只在前头出檐（图4）。米脂官庄汉墓墓室东壁横额上的5辆辇车，也是同样的形式，卷棚前头出檐，驭手坐在檐下驾车（图5）。四川省成都市郊曾家包汉墓已经悬置的辇车，车辕朝

① 《史记·秦始皇本纪》，中华书局1959年版，第264页。

② 《汉书·霍光传》，中华书局1962年版，第2948—2949页。

③ 《后汉书·寇恂转》，中华书局1965年版，第622—623页。

④ 孙机：《汉代物质文化资料图说》，文物出版社1991年版，第95—96页。

图 1　铜山利国镇辇车

图 2　泰安旧县辇车

图 3　桓台唐一村辇车

图 4　神木大保当汉墓辇车

图 5　米脂官庄汉墓辇车

天，车棚则没有前后出檐（图6）。泸州11号石棺侧板左端的辇车，车棚后头稍微出檐（图7）。合江4号石棺侧板正在向着门阙和东王公驰来的辇车上，

图6　成都市曾家包汉墓辇车

图7　泸州11号石棺辇车

还坐着一人（图8）。郫都区1号石棺侧板上的辇车内坐着的是一位女性，车前驭手牵马，车旁车后还有两位女性随从。女性乘坐，注解了辇车的用途（图9）。

图8 合江4号石棺辇车

图9 郫都区1号石棺辇车

05

安　车

《后汉书·舆服志》在分别车辆类型时，说"乘舆、金根、安车、立车"，天子"驾六马"，"余皆驾四"。驾六、驾四是指拉车马匹的数量。徐广注解说："立乘曰高车，坐乘曰安车。"《逸礼·王度记》则明确指出："天子驾六马，诸侯驾四，大夫三，士二，庶人一。"[1]除了官衔职务的不同外，安车还常常是一种规格和资格。如《舆服志》所载，"皇太子、皇子皆安车……公、列侯安车"[2]，另外，德高望重者，皇帝也赐予安车的待遇。如《后汉书·孝明帝纪》：永平二年（59）"初行养老礼。诏曰：'……尊事三老，兄事五更，安车软轮，供绥执绶。'"注引《孝经援神契》："安车，坐乘之车；软轮，以蒲裹轮。"[3]

画像石所见的安车驷马，就是四匹马拉着一辆车。如山东省费县垛庄镇刘家疃汉墓，一辆辎车，就是驷马驾辕，华盖前后还有两幡。按照《后汉书·舆服志》的标准，"中二千石、二千石皆皂盖。朱两幡，其千石、六百石，朱左幡。幡长六尺"[4]。如此，这里的安车是比着诸侯级别刻画的（图1）。兰陵县兰陵镇一座汉墓门楣上的安车，也是一辆辎车，华盖后头也飘扬着一条幡，车子前头五骑，骑手持节，说明这辆安车是贵宾车（图2）。

嘉祥县吴家庄小祠堂驷马安车是正面走出的形式，车子是单辕轺车，驾车的四匹马，两匹驾辕，两匹驸马。另外，还有四骑随从（图3）。嘉祥县五老洼小祠堂安车和吴家庄的雷同，两马驾车，两马赋闲，四匹马的缰绳都掌握在驭手手中（图4）。

[1]《后汉书·舆服志》，中华书局1965年版，第3644—3645页。

[2] 同上书，第3746页。

[3] 同上书，第102页。

[4] 同上书，第3647页。

枣庄市山亭区桑村镇西户口小祠堂画像，出行的四辆车子，前头两辆轺车分别是一马驾车，二马驾车，接着是驷马安车，安车车厢三面围挡（图5）。邹城市郭里镇高李村一座

图1　费县刘家疃汉墓安车

图2　兰陵县兰陵镇汉墓安车

图 3 嘉祥吴家庄小祠堂安车

图 4 嘉祥五老洼小祠堂安车

图 5 枣庄市山亭区西户口安车

汉墓横额上，一辆辎车是由三匹马驾驭的，车子后头还跟着一辆轺车，车前导骑则参与了对匈奴的战争，如此，这辆三匹马驾驭的辎车主人有可能与汉军统帅有关（图6）。河南省南阳市卧龙区王庄汉墓画像中，拉车的也是三匹马，车前两队骑从。如此，车上乘坐者身份也应该是《后汉书》所指的，二千石的级别（图7）。

图6 邹城高李村安车

图7 南阳市卧龙区王庄汉墓安车

06

斧　车

① 《后汉书·舆服志》，中华书局1965年版，第3649页。

② 同上书，第3751页。

③ 同上书，第3650页。

　　斧车如同今天的警车，是开路的车子。车载的大斧，其实就是商周时期的铜钺。钺是武器的总代表，也是斩杀的象征。《后汉书·舆服志》，帝王出行车队，"后有金钲黄钺，黄门鼓车"①。《说文》曰："戉，大斧也。""县令以上，加导斧车。"②将斧车置于出行的车马队列之前，是一种仪仗。《舆服志》又规定："大使车，立乘，驾驷，赤帷，持节者。重导从：贼曹车、斧车、督车、功曹车皆两。"③山东省沂南汉墓中室西壁横额车马出行前列是一辆斧车，车子没有华盖，车中竖着一把大斧，车后插着两柄带缨的长矛和一把长剑（图1）。滕州市东寺院出土的一块横梁画像石上，出行的四辆轺车之前还有三辆车子，其中，第二辆车子就是斧

图1　沂南汉墓斧车

车，乘车者还用手把着斧柄，车上插着节旄，其后的车上则插着节杖。节旄和节杖象征的是使者的身份，使者持节代表的是国家权力（图2）。兰陵县城前村汉墓斧车，同样位于辎车之前，车后还插着戈。《后汉书·舆服志》注解引《东京赋》"立戈迤戛"，薛综曰："戈，句孑戟。戛，长矛。置车上邪柱之"。①车上装载着戟戈，和竖着斧头一样，都是为了声张武威（图3）。兰陵县兰陵镇一座汉墓墓室门楣画像石，已

① 《后汉书·舆服志》，中华书局1965年版，第3646页。

图2 滕州东寺院画像石斧车

图3 兰陵城前村汉墓斧车

经过了桥的车队，前头也是一辆斧车，其后是一辆辎车。斧车车身后部横着两把戈（图4）。费县垛庄镇刘家疃汉墓横梁上，斧车在前开路，辎车则在导骑的护卫下，被官员送别（图5）。辎车在斧车的引导下，被送别和迎归，未必如文献所说，是官员的出行。墓葬刻画的车队，象征的应该是墓主告别人世，是去往黄泉路上的荣光。

图 4 兰陵县兰陵镇汉墓斧车

图 5 费县刘家疃汉墓斧车

07
鼓　车

鼓车是车马出行的仪仗车，特征是车上载着建鼓、乐人。如《汉书·韩延寿传》载，韩延寿在东郡任上时，出行时仪仗有"鼓车歌车"[①]。河南省唐河针织厂汉墓墓门南门楣背面画像，出行队列前面一辆鼓车，车上一位鼓吏正在奋力地击鼓，后面跟着一辆轺车，车上坐着一位官人（图1）。山东省济南市长清区孝堂山祠堂后壁上层左端，鼓车之后也是一辆轺车。鼓车上除了两位击鼓的鼓吏外，车厢里还有四位吹奏乐器的乐人。乐人和鼓吏同乘一车，应该是鼓车和歌车的组合（图2）。

[①]《汉书·韩延寿传》，中华书局1962年版，第3214页。

图1　唐河针织厂汉墓鼓车

图 2　济南市长清区孝堂山祠堂鼓车

08
公　车

　　公车是公事用车，是官车。汉代有明确规定，各级官员的车子标准，除了马的数量外，还有车子颜色的区别。如《后汉书·舆服志》所载："皇太子、皇子皆安车，朱班轮，青盖，金华蚤"，"中二千石、二千石皆皂盖、朱两轓。其千石、六百石，朱左轓。""三百石以上皂布盖……二百石以下白布盖，……贾人不得乘马车"。①山东省济南市长清区孝堂山祠堂后壁上层，驷马安车后上方榜题"大王车"，象征的应该是诸侯王级别的公车。车子虽然也是四维轺车，但华盖四周却装饰有花纹（图1）。后壁下层左端第一辆，三面围挡的辎

① 《后汉书·舆服志》，中华书局1965年版，第3647—3648页。

图1　济南市长清区孝堂山祠堂大王车

车后上方榜题"二千石"（图2），是低于大王车的公车。嘉祥武氏祠前石室西壁下石，三辆轺车榜题分别是"游击车""功曹车""贼曹车"，车上的主人还各自举着盾牌参战。功曹、贼曹是州县官的僚属，功曹负责官员考核，贼曹负责治安，游击则专司捕盗捉贼，负责所辖地域的社会治安（图3）。桥左两车，分别榜题"主簿车"和"主记车"。主簿是汉代地方长官的主要辅佐，相当于现在的秘书长、办公室主任，主记则是其下属吏员

图2 济南市长清区孝堂山祠堂二千石车

图3 嘉祥武氏祠前石室公车

(图4)。前石室后壁东段承檐石孔子见老子画像,孔子身后的车榜题是"孔子车"。孔子的车虽然名义上是私车,却是鲁国国君赏赐给他的一辆公车,随同车辆赠送给孔子的还有一位驭手。《史记·孔子世家》载,孔子去周的首都洛阳前,鲁国的国君给了孔子"一乘车,两马,一竖子俱,适周问礼,盖见老子云"[①]。这辆标明"孔子车"的辎车,上有华盖,车厢

① 《史记·孔子世家》,中华书局1959年版,第1909页。

图4　嘉祥武氏祠前石室公车

还三面围挡，也是一辆公车（图5）。所以特别指定是孔子车，是要说明孔子适周问礼见老子，不是私人行为，是国君派遣，所用交通工具是公车，孔子的出行是得到了国君赞助和支持的。

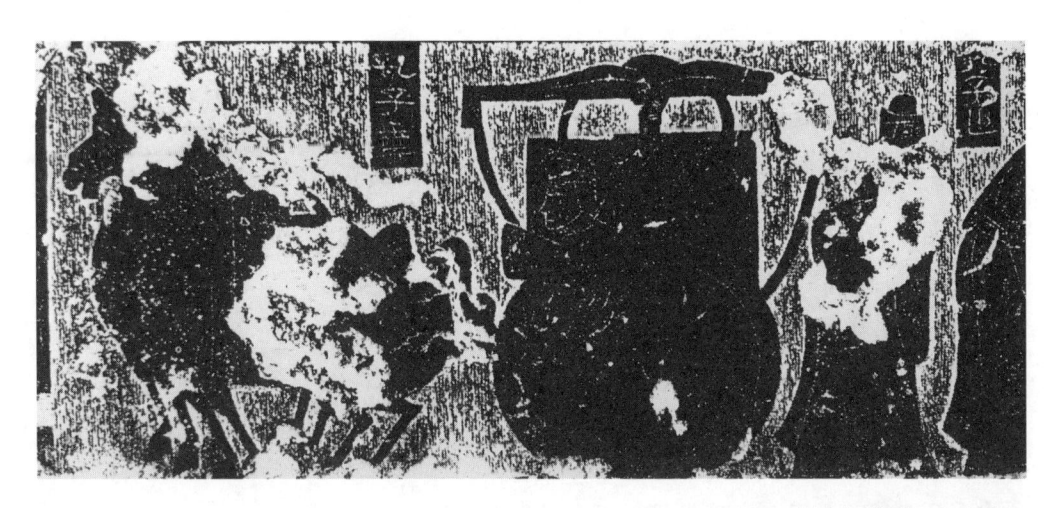

图5 嘉祥武氏祠前石室孔子车

09

牛　车

　　牛车是以牛为动力的车。《后汉书·祭遵传》:"博士范升上疏,追称遵曰:'……临死遗诫牛车载丧,薄葬洛阳。'"①因为牛比马走得慢,所以牛车也是安车。

　　画像石所见牛车,一是农用车,二是狩猎用车,三是代步的安车。如山东省邹城市邹城面粉厂画像石上的牛车是农用车,车子没有盖,车上三人,一位驭手,两位乘客,车前两位农夫扛着碎土的农具,跟在牛耕之后,前头还有两人扛着农具,挑着箩筐。根据其他牛耕画像推测,车上乘坐者是两位老人。他们乘坐牛车下地,是乐享子孙后代农耕之乐(图1)。江苏省睢宁双沟征集的一块画像石下层,牛耕的农夫身后,停着的车是一辆安车,安车是老人的代步工具。车辆闲置,说明这里的牛除了驾车,还要耕地,一牛两用(图2)。邹城市郭里镇黄路屯村出土的横额画像石上,下层是斗牛,上层是狩猎,猎人们的旁边停着一辆牛车(图3)。费县

① 《后汉书·祭遵传》,中华书局1965年版,第742页。

图1　邹城面粉厂画像石牛车

图 2　睢宁双沟画像石牛车

图 3　邹城黄路屯画像石牛车

垛庄镇刘家疃汉墓横梁上的牛车也是猎车,车上除了两位老人外,还载着狩猎的工具(图4)。

1980年陕西省绥德征集的一块门楣画像石上,牛车是辎车,跟在狩猎出行的车马之后,这里的辎车可能是老人和妇女乘坐的车辆(图5)。绥德四十里铺汉墓墓门左右立柱上六辆车

图4 费县刘家疃画像石牛车

图5 绥德画像石牛车

子,其中底层相向走来的两辆牛车也都是辎车(图6)。榆林陈兴庄墓门左立柱牛车,也是行走的状态(图7)。米脂官庄汉墓墓门左右立柱底端两辆车子,左边的是马车,右边是牛车。马车是轺车,牛车是辎车。按照汉代尚右的习俗,这里的牛车位居墓门右侧上首位置,且是辎车,应该是主人的车子(图8)。江苏省邳州市陆井墓画像石上,牛车就停在门口,左边是车子,右边是牛,一位仆人还正在照料卸下车子的牛(图9)。四

图6 绥德四十里铺汉墓牛车

图7 榆林陈兴庄汉墓牛车

图 8 米脂官庄汉墓牛车

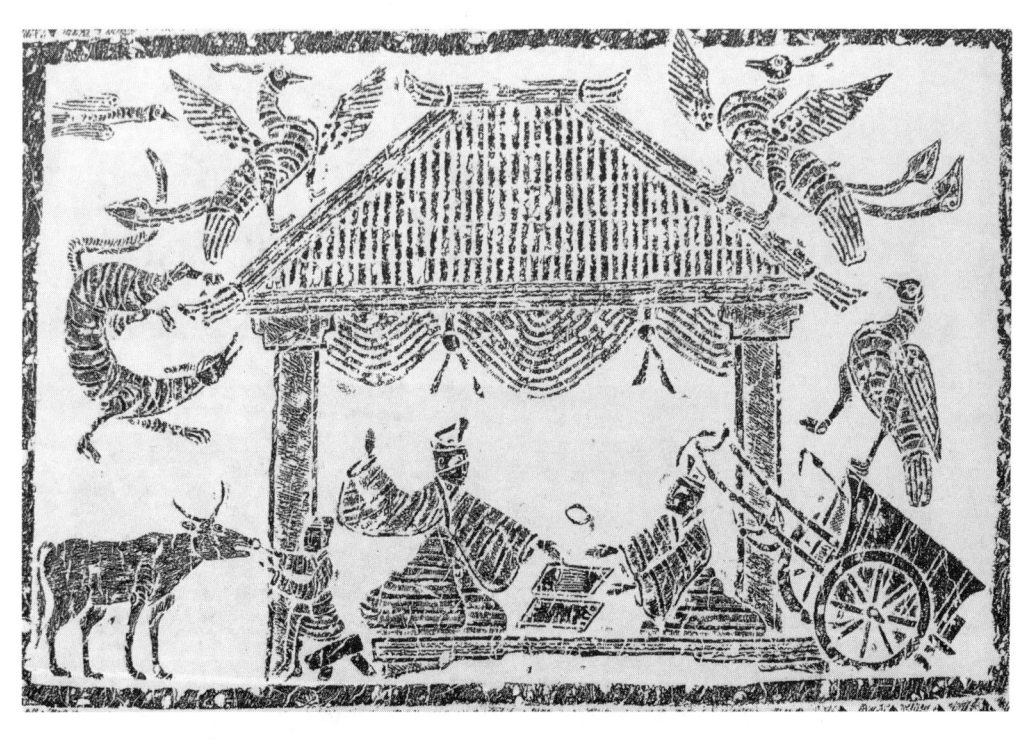

图 9 邳州陆井墓牛车

川省新津崖墓石函档头上，行走的牛车是一辆空车（图10）。石函档头相当于墓室的门口，行走的空车应该属于墓主所有，是墓主出行的安车。

山东省枣庄市山亭区桑村镇大郭村小祠堂，下层画像两辆车子，前头是牛车，后头是羊车，其上是西王母。由此可知，这里的牛车、羊车是升仙的交通工具，乘坐可以往见西王母，到达神仙的世界，不老不死（图11）。桑村镇西户口小祠堂底层，上下两排车马出行队列，打头的车辆是牛车，接

图10 新津崖墓石函牛车

图11 枣庄市山亭区桑村镇大郭村小祠堂牛车

着是羊车，后边是马车。车马出行的上方也是西王母的世界。让牛车走在前头，是希望行走的速度不要太快，暗含的寓意是对逝者的眷恋（图12）。

马车盛行后，乘坐牛车是不得已。如《史记·平准书》载，西汉初年因为秦末战乱，"自天子不能具钧驷，而将相或乘牛车"①。东汉时期，官员乘坐牛车要受责罚。但到了东汉晚期，出行乘牛车则成风尚。东晋南朝，贵族官僚们乘坐牛车更成了相互标榜的资本。

① 《史记·平准书》，中华书局1959年版，第1417页。

图12 枣庄市山亭区桑村镇西户口小祠堂牛车

010
鹿　车

鹿车有两层含义，一是鹿拉的车，二是人力车。如山东省枣庄市山亭区桑村镇西户口小祠堂，下层车马出行上下两列，上列单骑，下列则是鹿车，鹿车都是辎车，拉车的有一头鹿、两头鹿和三头鹿，其中中间的车子是三头鹿。三头鹿拉的车子模仿的应该是驷马安车。车马出行的上方是东王公。由此，鹿车也是升仙的车子（图1）。和速度慢的牛车不一样，鹿奔跑速度很快，让鹿拉车往见东王公，表现的应该是升仙的急迫心情。

图1　枣庄市山亭区桑村镇西户口小祠堂鹿车

鹿车还是人力车、人拉车、手推车。如《太平御览》引《风俗通义》说："鹿车狭小，裁容一鹿也。……无牛马而能行者，独一人所致耳。"[①]这里的鹿车也称辘车。车辕窄小到塞不下牛马，只能靠人力。《后汉书·邓训传》注引《东观汉记》说，邓训调任上谷时，有一位贫穷的故吏叫举国的人，"念训常所服药北州少乏，知训好青泥封书，从黎阳步推

① 《太平御览·车部》，河北教育出版社1984年版，第7册，第229页

鹿车于洛阳市药，还过赵国易阳，并载青泥一璞，至上谷遗训。"①这是推着车子长途跋涉的例证。《杜林传》：建武六年（30），杜林的弟弟病故，杜林就"身推鹿车，载致弟丧"②，从遥远的河西地区回故乡茂陵。《赵熹传》，赵熹和朋友韩伯等逃难时，为了保护韩伯貌美的妻子，"因以泥涂仲伯妇面，载以鹿车，身自推之。每道逢贼，或欲逼略，熹辄言其病状，以此得免。"③这是逃难的车子。

江苏省徐州汉画像石艺术馆藏一块画像石，子路拉着的车子，车辕之间就很窄，仅容子路一人。子路头戴褐冠，将车辕架到腰部，车上坐者手持便面（图2）。四川省乐山市麻浩1号崖墓享堂画像，一人奋力拉着的车子还带着卷棚，车里一人，车后还有一位女性在推车。人力拉车和女性推车，表现的应该是孝子故事（图3）。

渠县蒲家湾无名阙楼背面上端孝子图，表现的是董永孝亲故事，董永一边劳作，一边照顾坐在独轮车上的老父。独轮车车轮在前，车辕在后，车辕还有短腿支撑（图4）。山东省嘉祥县武梁祠后壁董永故事画像，董永的老父也是坐在独轮车辕上，还抱着一根象征老人身份的鸠杖。其上榜题"永

① 《后汉书·邓寇列传》，中华书局1965年版，第609页。

② 同上书，第936页。

③ 同上书，第913页。

图2　徐州汉画像石艺术馆鹿车

图 3 乐山麻浩 1 号崖墓鹿车

图 4 渠县蒲家湾无名阙鹿车

父",正在劳作的董永榜题"董永千乘人也"。武梁祠的画像旁证了蒲家湾无名阙上的孝子也是董永(图5)。泰安市岱岳区大汶口汉墓同样形式的画像石,怀抱鸠杖的老人也是坐在独轮车辕上,正在地里耕耘的人物,榜题则是"孝子赵苟"(图6)。

画像石所见有像鹿驾驭的双辕双轮车,也有手推或拉的独轮车。

图5 嘉祥武梁祠鹿车

图6 泰安市岱岳区大汶口汉墓鹿车

011
大　车

  大车，除了体量大小外，还有形制的差别。画像石常见的车子都是四方的车厢，但农用车和猎车，车辆的底盘则明显加长。如山东省泰安市旧县一块画像石上，四辆车子的底盘都将尾部加长。如果前部同样加长的话，就和现在的大车完全一样了（图1）。因为底盘车尾加长，所以还有一人站在车尾上（图2）。枣庄市山亭区山亭镇出土的一块横梁画像石，大

图1　泰安市旧县画像石大车

图2　泰安市旧县画像石大车

车的车尾上也站着一位随从（图3）。滕州市龙阳镇出土的画像石，大车如同农用车和猎车，车尾伸出一截，车上连驭手乘坐了4人（图4）。

画像石中，这种大车还常常是牛车。如沂南汉墓中室南壁横额东段仓储旁边，三辆装满粮食的车后都拴着一头牛。这里的大车，车盘都长，都有车厢没有车盖，也没有驭手可凭的车轼。为了承载粮食，车厢前后都增加了档板，后挡板还外加了挡风的棚。另外，车辕都是带疤节的枝干，表明这样的车子也可当丧车使用（图5）。因为车身长，装载的东西多，也能够承载棺椁。可见，大车既是农用车，也是丧车。

图3　枣庄市山亭区山亭镇画像石大车

图4　滕州龙阳镇画像石大车

图 5　沂南汉墓大车

012
丧　车

丧车也称灵车，和辒车一样，车厢较长，可以安置灵柩。另外，丧车的车辕还是带节疤的树枝。《史记·季布栾布列传》说，季布逃匿时，被安排在"广柳车"中。《集解》《索引》诸家解释的"广柳车"，就是丧车。[1]山东省烟台市福山区东留公汉墓出行的车马，车辕就刻画成树枝的节状，这应该就是"广柳车"（图1）。临沂市吴白庄汉墓有4辆辒车，车辕都是疤节树干的样子，也应该是广柳车（图2）。其中一辆丧车上

① 《史记·季布栾布列传》，中华书局1959年版，第2729—2730页。

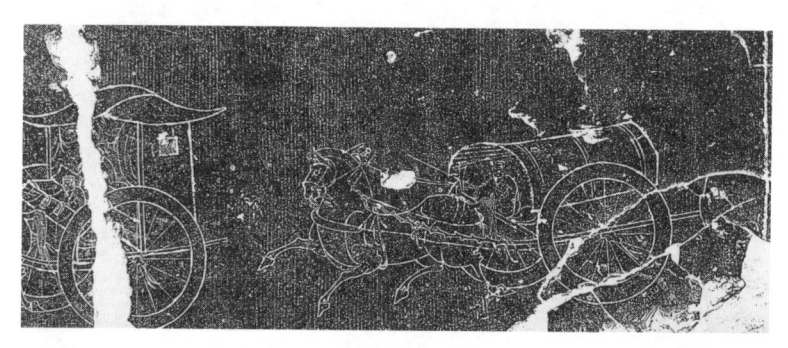

图1　烟台市福山区东留公汉墓丧车

图2　临沂市吴白庄汉墓丧车

还斜插着一柄长矛,车后一位执刀胡人和一条狗,车队前头两位导骑还扛着幡(图3)。另一辆已经过了桥的丧车车棚,还扎缚得极为讲究,车后底盘上还载着一人(图4)。吴白庄汉墓第四辆丧车,车后底盘同样伸出一

图3 临沂市吴白庄汉墓丧车

图4 临沂市吴白庄汉墓丧车

截，车后随从一人（图5）。车尾和车后的随从，应该是押车的护卫。临沂市河东区西张官庄出土的画像石横梁上，出行的车马队列中，断后的是两辆丧车，车尾也都伸出一截（图6）。

图5 临沂市吴白庄汉墓丧车

图6 临沂市西张官庄画像石丧车

沂南汉墓中室北壁横额东段丧车车厢为卷棚罩盖，车厢里朝前斜插着两柄长矛，车上除了驭手没有他人（图7）。沂南汉墓前室南壁横额左端一辆卷棚丧车，车辕同样是疤节状，停在吊唁的场面之后，期待着仪式的结束（图8）。江苏省徐州汉画像石艺术馆藏的一块画像石上，两辆车子闲置对立，一辆是丧车，一辆是辎车，丧车车辕也是疤节状，车辕下还有一条

图 7　沂南汉墓丧车

图 8　沂南汉墓丧车

狗（图9）。狗跟着丧车，象征的是不忘故人。

　　安徽省灵璧县九顶镇出土的画像石上，丧车是一辆牛车，两侧车帮上架起围挡，顶上卷棚，飘着旗幡。车棚前头，又加了一个遮棚，遮住了牛的大半个身子。车前导从执戈、执便面，车后三人，一人执便面，一人手把着车尾和车帮，其身后还跟着一个小孩。三人的动作表现，像是痛别亲人，恋恋不舍的样子（图10）。山东省微山县微山岛沟南石椁侧板上的丧葬图，丧车四轮，车厢被完全盖住，前后还插着竖杆，杆顶束着帛带、悬挂着玉璧。车轼上竖着华盖，站着一位驭

图9　徐州汉画像石艺术馆丧车

图10　灵璧九顶镇丧车

手，但拉车的却是十个人。人拉丧车，就是挽车。车后披头散发的男女，是孝子和送葬的亲友，随后左格两队佩剑官员，应该是送葬的来宾。来宾中的孔子见老子，象征的是尊老敬老（图11）。

图11 微山县微山岛沟南石椁丧车

013

船

　　画像石所见船只，有三种类型，一是渡船，二是战船，三是渔船。渡船的形式是载客，有的船上还有像车厢一样的舱房。

　　安徽省宿州褚兰镇墓山孜2号墓祠堂西壁下层，车马过桥下捕鱼图，中心是一艘船，船头船尾各坐着一位渔夫，船上一人划桨，一人乘坐。坐者像在家里一样，是跪坐的姿势。这位乘客，或许是乘船摆渡，或者是祠堂的主人，正在水上观赏渔获的丰收和捕鱼之乐（图1）。四川省成都市郫都区1号

图1　宿州墓山孜2汉墓祠堂船

石棺侧板左端捕鱼场面中，也有一条船，船上一人划桨，一人撑篙，一人端坐，端坐者欣喜地看着鱼跃水面，其身边还有一只昂首伫立的水鸟。画面表现的是乘船观鱼（图2）。郫都区2号石棺棺盖上，青龙旁边一女性，手持船桨，衣袖飘飘，与对面牵牛的男子遥遥相对。这是牛郎织女，表现的是天上的星宿。这里的船桨，是一根桨杆两头桨页，如同独木舟或

今天的皮划艇桨，可以左右划动拨水。虽然没有船的现身，但织女手持船桨，象征了划船摆渡（图3）。山东省兰陵县城前村汉墓前室西壁门楣正面，车马过桥下捕鱼图，中心一条船，船上坐着两人，船头船尾各一水手，船的前后则是渔夫捕鱼

图2　郫都区1号石棺船

图3　郫都区2号石棺船桨

（图4）。城前村汉墓题记，"从儿刺舟渡诸母"。"刺"就是把篙"刺"到水里。刺舟，就是用篙撑船。《史记·陈丞相世家》说，陈平叛逃项羽时，就曾经帮助船夫裸衣"刺船"[①]。题记中的"渡诸母"明确了船是渡船。兰陵前姚村汉墓画像中的船，船头一人撑篙，船尾则是一座小房子，表明船还是居住场所（图5）。沂南汉墓墓门门楣桥下捕鱼图中的船，船上载着两位乘客，船头两位水手划桨，船后一位舵手掌舵，水中5人捕鱼（图6）。滕州后掌大泗水捞鼎图中的船，船尾小房子中还

① 《史记·陈丞相世家》，中华书局1959年版，第2053页。

图4　兰陵城前村汉墓船

图5　兰陵前姚村汉墓船

有一人在划桨，船头一人则在捉鱼（图7）。

　　画像石中的船，更多的是打鱼船。船上船下都在忙忙碌碌地捕鱼捉鱼，闲置的船则静静地漂浮在水面上。船和鱼等

图6　沂南汉墓船

图7　滕州后掌大汉墓船

水生生物一起，象征了水的存在。河南省南阳市宛城区英庄汉墓，东门门楣背面渔猎图，画面左侧是山林，野兽出没间，一只猎犬正在追逐奔鹿，右侧是捕鱼，水中有鱼有船，船上两人，一人撑篙掌舵，一人捕鱼（图8）。山东省济宁市济宁学院一座石椁侧板左端的渔猎

图 8　南阳市宛城区英庄汉墓渔船

图，船上两人，一人撑篙划船，一人还拉开弩机，指向天空飞翔的鸟群。水中是两条大鱼，岸上则有扛着狩猎工具的猎人和追逐鹿群的猎犬。水陆空全方位的狩猎，说明了渔猎的性质（图9）。济宁学院10号石椁的渔船，船上两人都在划船，船头用桨，船尾撑篙。两人虽然没有明显的狩猎动作，但船后水中捕鱼者和陆上狩猎场面，也将这条船纳入了渔猎的阵营（图10）。嘉祥五老洼画像石泗水捞鼎图中的渔船，船上两人，船头一人执叉叉鱼，船后一人划桨，船上还载着一条大鱼。捕鱼

图 9　济宁市济宁学院石椁渔船

图 10　济宁市济宁学院 10 号石椁渔船

载鱼，让渔船的功能一览无余（图11）。微山两城镇一座小祠堂水榭观鱼图中，船上两人，同样是船后掌舵划船，船头捕鱼，但这里捕鱼的工具是渔网，船头渔夫正在起网（图12）。莒县东莞石阙水中两条船相向，其中左侧船后是船舱，舱内坐着一人，船头渔夫则将一柄鱼叉插在一条大鱼的背上，右侧飞快地划来的船上则载着罩鱼的大筐（图13）。安徽省宿州褚兰镇宝光寺祠堂，西壁下层桥下三条船，每条船上两人，左边和中间船上两人，一人撑船，一人张网，右边船上一人则举着鱼笼，在观看笼中被逮住的鱼，水中还有人在用筐罩

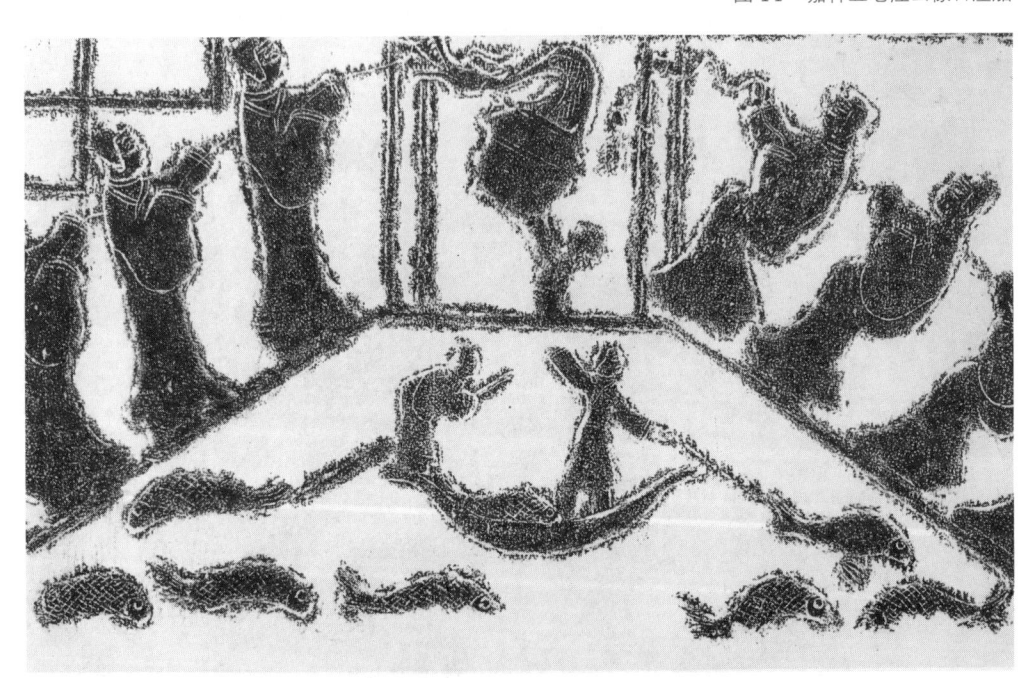

图11　嘉祥五老洼画像石渔船

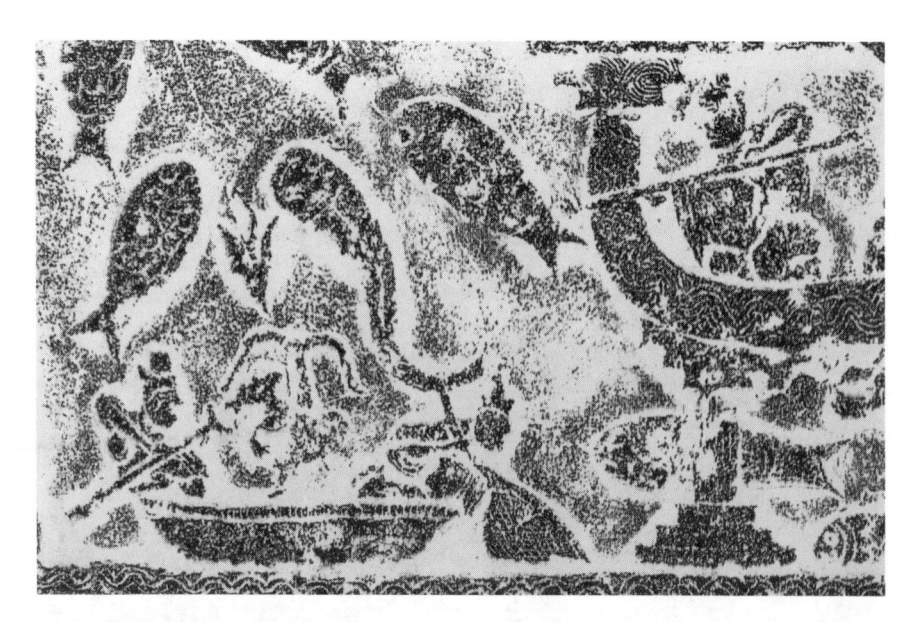

图 12　微山两城镇小祠堂渔船

图 13　莒县东莞石阙渔船

鱼（图14）。四川省成都市郊曾家包汉墓墓室后壁下部，水塘中一条船，一人站在船尾上，正在用力执桨划船（图15）。

作为战船用途的船，较早出现在画像石中的孝堂山祠堂。在三角隔梁石的东西两面，都刻画了河流和船。其中隔梁石西面是水陆交战，桥上乘车者被阻击坠落桥下时，又遭到水军的袭击（图16）。

图14　宿州宝光寺祠堂渔船

图15　成都市郊曾家包汉墓渔船

图 16　济南市长清区孝堂山祠堂战船（线图，王欣绘）

同样的故事情节在时隔一百多年后，又出现在嘉祥武氏祠堂画像中。武氏祠前石室西壁下石中落水的官员还执刀持盾，只身抵御着左右冲过来的水军，水军的船篙是兵器戈（图17）。

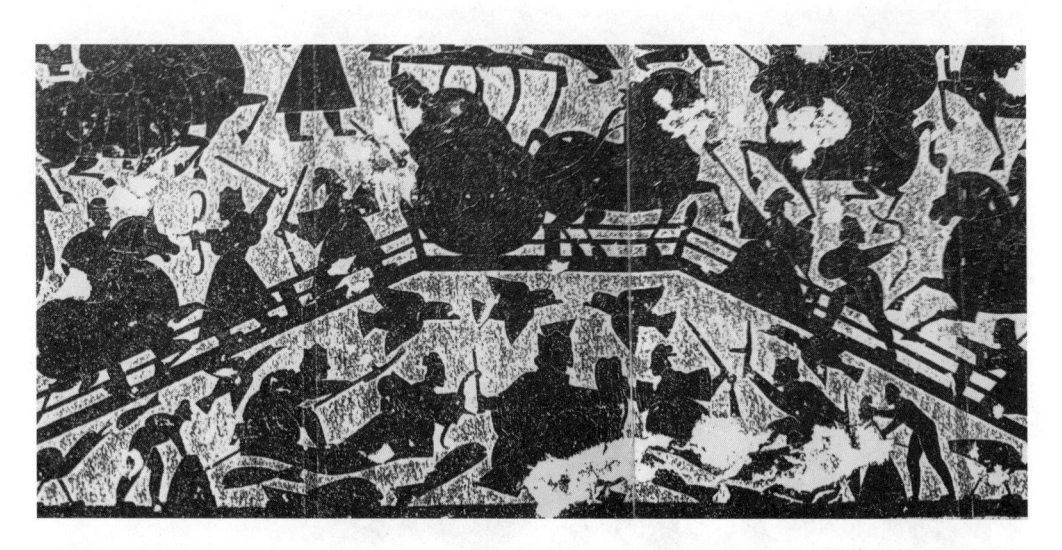

图 17　嘉祥武氏祠前石室战船

同样的画面还见于武氏祠左石室西壁下石，不同的只是落水官员和乘船而来的水军搏斗的动作各异而已（图18）。和武氏祠类似的还有莒县东莞石阙，猝不及防的落水官员，正被两位水兵左右夹击（图19）。

图18　嘉祥武氏祠左石室战船

图19　莒县东莞石阙战船

还有一些船用于泗水捞鼎。如孝堂山祠堂隔梁石东面的画像，在鼎出水升起断了一根鼎耳的时候，船上的人拿着船篙顶着鼎底，其他船只则在水中游弋。这些船只，是秦始皇捞鼎队伍的组成部分（图20）。嘉祥武氏祠左石室，东壁下石

图20　济南市长清区孝堂山祠堂船（线图，王欣绘）

泗水捞鼎图中的两条船，同样也是为了捞鼎，其中左侧船上一人也拿着船篙顶着鼎底（图21）。

图21　嘉祥武氏祠左石室船

后　　记

　　从1978年第一次面对长清孝堂山祠堂，第一次见识了汉代的画像石，到大学毕业后拜读第一本民俗学的著作——乌丙安先生的《中国民俗学》，一个疑问长久不得其解：汉代画像石，除了作为考古资料可以证史外，是否还属于民俗学研究的范畴？1998年，我在日本撰写的《黥与渡来人》论文发表之际，编者问我是何学科，我脱口而出"历史民俗学"，而当时孤陋寡闻的我，还真不知道有没有这个学科。后来加入民俗学会，参加民俗活动，从民俗学者们那里才知道，还真有历史民俗学这个学科。

　　汉画像石是汉代的墓葬建筑，其目的是让逝者在另一个世界生活得安全幸福，能够早日升仙。但汉画像石众多的图像，却也让后人见仁见智，从中提取出衣食住行等图像，供历史、民俗、社会学等学科所用，这也是我汇编这些图像资料的初衷。

　　感谢齐鲁书社贺伟、许允龙两位同门师弟慧眼厚爱，让这些图像能够付梓出版。

张从军

2024年5月2日